CHRISTIANE KUTIK

ERZIEHEN MIT GELASSENHEIT

CHRISTIANE KUTIK ist Erzieherin, Trainerin und Coach für Eltern und pädagogische Fachkräfte. Sie ist Autorin mehrerer Bücher, wie *Entscheidende Kinderjahre. Ein Handbuch zur Erziehung von 0 bis 7; Spielen macht Kinder stark; Herzensbildung. Von der Kraft der Werte im Alltag mit Kindern; Das Jahreszeitenbuch* und *Das Kinderfestebuch*.

Man kann die Autorin auch einladen zu Vorträgen und Seminaren. Anfragen und nähere Informationen unter www.christiane-kutik.de

CHRISTIANE KUTIK

ERZIEHEN
MIT GELASSENHEIT

Zwölf Kraftquellen für das Familienleben

VERLAG FREIES GEISTESLEBEN

Jubiläumsausgabe 2017
zum 70-jährigen Bestehen des
Verlags Freies Geistesleben

ⓔ auch als eBook erhältlich

Verlag Freies Geistesleben
Landhausstraße 82, 70190 Stuttgart
www.geistesleben.com

ISBN 978-3-7725-2872-9

© 2009/2017 Verlag Freies Geistesleben
& Urachhaus GmbH, Stuttgart
Umschlaggestaltung: Maria A. Kafitz
Satz: Bianca Bonfert
Druck und Bindung: GGP Media GmbH, Pößneck
Printed in Germany

Inhalt

Einführung 7

1. Rollenklarheit 9

2. Respekt 21

3. Regeln 31

4. Rhythmus 43

5. Rituale 51

6. Resonanz 59

7. Rückhalt 69

8. Raum 77

9. Ruhe 85

10. Religio 93

11. Regeneration 101

12. Reflexion 109

Christiane Kutik im Gespräch 117

Anmerkungen 123

Literatur 124

Einführung

Wenn ein Kind geboren wird, überwiegen Glück und Freude. «Wie geht es euch?» – «Wunderbar!», heißt es dann. Wenige Wochen oder Monate später noch einmal nachgefragt, zeigt sich oft ein anderes Bild. Tränen kullern und Mütter berichten, wie sie mit ihren Nerven am Ende sind. «Mein Kind hält mich ständig auf Trab. Immer will es im Mittelpunkt stehen. Nichts kann ich mal für mich allein machen. Ich bin fix und fertig.»

Der Alltag mit einem Kind wird heutzutage zunehmend als schwierig erlebt. Eltern wollen ihrem Nachwuchs alles recht machen. «Ich will ja auch von meinem Kind gemocht werden», heißt es beispielsweise. Wenn dann trotzdem – vielmehr gerade deswegen – Stress entsteht, kann die anfängliche Freude leicht abhanden kommen. Doch das Verlangen ist da, den Erziehungsalltag wieder in ein ruhigeres Fahrwasser zu navigieren. «Ich möchte, dass das Familienleben weniger anstrengend wird und friedlicher, damit wir miteinander auch gute Zeiten erleben können.»

Ja, das ist möglich! Wie wir Erwachsenen die Weichen dafür stellen können, das zeigt dieses Buch. Es sind zwölf Schritte, die helfen, den Alltag zu entstressen und ihm wieder Qualität zu geben.

Eine Grundstruktur gibt dem Familienalltag Halt und Orientierung: Es sind *Rollenklarheit*, *Respekt*, *Regeln* und *Rhythmus*. Wo Kinder erleben, dass Eltern in ihrer Rolle klar, eindeutig und verlässlich sind, wo Respekt und gewisse Regeln vorgelebt und eingefordert werden, wo es einen klaren Tagesrhythmus und feste Zeiten gibt, auf die Verlass ist, fallen die härtesten Stressfaktoren weg. Das ist die Basis.

Qualitäten schaffen wir, indem wir die Übergänge im Tagesablauf durch schöne *Rituale* anbahnen, die regelmäßig wiederkehren. Qualitäten schaffen wir auch, indem wir den Kindern *Resonanz* sowie *Rückhalt* und *Raum* geben, um sich angenommen zu fühlen und selbst eigene Fähigkeiten zu erobern. Qualitäten bringen bewusst gefasste Zeiten der *Ruhe* und der *Religio*. Wesentlich sind außerdem Zeiten der *Regeneration* sowie der *Reflexion,* damit die Eltern wieder frische Kräfte schöpfen können.

Eltern sein heißt: Wegweiser sein. Dazu laden uns unsere Kinder Tag für Tag ein. Je stärker sie uns herausfordern, umso deutlicher ist diese Einladung an uns. Es ist unsere Aufgabe, voranzugehen und Kindern zu geben, was sie heute so nötig brauchen: Anstrengungen, an denen sie wachsen können, sowie Geborgenheit und Halt und Liebe. Liebe – dazu gehört auch: Mut zu haben, Stellung zu beziehen, eine Haltung zu haben, auch mal Frust in Kauf zu nehmen, anstatt Kindern immer alles recht machen zu wollen. Wo Reibung ist, entsteht Wärme.

Machen wir uns auf den Weg, auf dass Glück und Freude bald wieder eine zentrale Rolle spielen.

Christiane Kutik   im Frühjahr 2009

1. Rollenklarheit

Auf einem Bürgersteig, direkt neben einer belebten Straße. Seit fünf Minuten reden die Eltern auf ihren Zweijährigen ein: «Willst du lieber im Buggy fahren, oder willst du zu Fuß gehen?» – Der Bub trippelt hin und her. Die Eltern sind ratlos. «Na, nun entscheide dich endlich! Was magst du denn? Willst du sitzen oder sollen wir dich fahren?»

Der Bub verzieht das Gesicht. Jetzt fängt er an zu weinen.

«Also, zu weinen brauchst du nun wirklich nicht», meint der Vater. «Wir haben dich ja gefragt.»

Fragen, Fragen, Fragen. Viel Zeit, viele Worte und viel Energie werden darauf verwendet. Die Eltern sind sichtlich genervt, weil ihr Sohn nicht vernünftig antwortet. Aber kann ein so kleines Kind das überhaupt?

Wenn Kinder dauernd gefragt werden

Dieser Bub weint nicht wegen des Buggys. Er weint, weil er völlig überfordert ist. Mit seinen zwei Jahren kann er noch gar nicht so abwägen wie ein Erwachsener. Auch mit vier, fünf, sechs Jahren können Kinder das noch nicht.

Das weist unter anderem Anna Jean Ayres in ihren grundlegenden Untersuchungen nach. Sie kommt zu dem Schluss: «Höhere intelektuelle Fähigkeiten entwickeln sich erst nach dem Alter von sieben Jahren.»[1]

Kinder sind keine Partner

Kinder sind auch keine Bestimmer, keine Kumpel, sondern auf dem Weg, eigene Fähigkeiten zu entwickeln. Damit dies gelingt, brauchen sie – ebenso wie ein Lehrling den Meister braucht – Eltern, die führen und anleiten und spiegeln.

Deswegen ist es wichtig, unbedingt davon wegzukommen, das Kind in eine Machtposition zu hieven, der es nicht gewachsen ist. Weg von der ständigen Fragerei: «Willst du dies oder lieber das?» Weg vom dauernden Erklären und Überzeugen – auch wenn es Mode ist, bereits mit den Kleinsten alles auszudiskutieren.

Wir können es ja selbst beobachten: Die Folge ist immer Stress – für alle. Erwachsene ärgern sich, wenn ein Kind nicht «weiß», was es will. Und das Kind wird nervös, unsicher und «schwierig», wenn es bei uns Erwachsenen keinen Halt findet. Auf dem Weg zum «Erziehen mit Gelassenheit» hilft nur eine klare Verteilung der Rollen.

Rollenklarheit

Es ist unsere Aufgabe als Erwachsene, unsere «Erziehungsrolle» klar anzunehmen und Verantwortung zu ergreifen, anstatt ein Kind zu allem und jedem zu befragen. Im Gegensatz zu einem Kind verfügen wir über Lebenserfahrung, die uns nützt, eine Sache situationsgerecht einzuschätzen und das Kind anzuleiten. Tun wir dies, so geben wir ihm, was es so sehr braucht: das Gefühl, dass die Großen wissen, wo es langgeht. Das gibt ihm Halt und Sicherheit. Das ist tätige Liebe. Denn jetzt muss das Kind seine Lebenskräfte nicht permanent für Nebensächlichkeiten verausgaben. Es kann Kind sein und sich an uns als Vorbild orientieren.

Es recht machen wollen

«Aber ich frage mein Kind, weil ich es ihm doch recht machen will», lautet ein häufiges Argument. Doch beobachten wir einmal, wie das dauernde Befragen – «Willst du dies oder lieber das?» – auf die Kinder wirkt. Sind sie dadurch etwa entspannt, gelassen, glücklich? Im Gegenteil. Sie sind ständig gefordert, ihre Notsignale auszusenden – wie Schreien, Weinen, Zetern. Und warum ist das so?

Kleine Kinder leben von Augenblick zu Augenblick. Sie sind genauso unstet wie ein Schmetterling: Da glitzert etwas, hier bewegt sich etwas, dort duftet etwas – ständig kommt ihnen etwas anderes in den Sinn, das ihr Interesse weckt. Kinder wollen alles. Das ist ihre Natur. Deswegen ist Ärger vorprogrammiert, wenn wir von ihnen klare Entscheidungen erwarten.

«Was willst du denn heute zum Mittagessen?», fragt die Mutter ihren Dreijährigen im Supermarkt. «Magst du Brokkoli? Wir könnten aber auch Nudeln essen. Oder magst du lieber Pfanne-

kuchen?» Hin und her. Stress. «Brokkoli», sagt das Kind endlich. Die Mutter kauft ihn und bereitet ihn zu. Doch bei Tisch gibt's auf einmal Krach, weil Lukas den Teller wegschiebt. «Aber das hast du dir doch gewünscht», klagt die Mutter, und sie ärgert sich, weil ihr Kind wieder mal so «bockig» ist.

Die magische Rüstung

Solcher Ärger ist definitiv vermeidbar, wenn wir uns etwas Grundlegendes klarmachen: Ein Kind ist ein Kind und kein Kumpel. Einem Kumpel kann ich sagen: «Du, ich koch dir heute was Schönes. Worauf hast du denn Lust?» Wünscht er sich etwa «Brokkoli mit einer leckeren Gorgonzola-Sahnesoße», so können wir sicher sein: Er freut sich, wenn es das Gewünschte dann auch gibt. – Mit Kindern funktioniert das so nicht. Daher: Ein Kind Kind sein lassen und endlich den Mut haben, selbst zu entscheiden, statt bei allem und jedem seine Zustimmung zu erheischen.

Wie tief das Verlangen der Kinder nach Orientierung ist, beschreibt Jacques Lusseyran sehr treffend.[2] Als «das Glück meiner Kindheit» bezeichnet er «dieses wunderbare Gefühl, noch nicht auf eigene Rechnung zu leben, sondern sich ganz, mit Leib und Seele, auf andere zu stützen, welche einem die Last abnehmen». Er nennt das «die magische Rüstung, die, ist sie einem erst einmal umgelegt, Schutz gewährt für das ganze Leben».

Auch unsere Kinder brauchen diese «magische Rüstung» – und wir geben sie ihnen, indem wir ganz klar die Verantwortung übernehmen. Schließlich legt auf einem Schiff ja auch nicht der Matrose den Kurs fest, sondern der Kapitän.

«Aber wenn es meinem Kind nicht schmeckt?»

Was tun, wenn ich mein Kind nicht frage und es sagt: «Schmeckt mir nicht»?

Sich an das eigene Vorbild halten, denn das Kind schaut alles von uns ab. Lecker kochen – das geht auch ohne großen Aufwand: Einfache Gerichte herstellen, die wenig Arbeit machen, wie zum Beispiel ein schöner goldgelber Safranreis. Die Kinder keinesfalls aus der Küche wegschicken, «weil's dann schneller geht» (siehe hierzu auch das Kapitel «Raum» auf Seite 77 ff.), sondern Sie von klein auf einbeziehen und auf Kinderweise mittun lassen: Kartoffeln waschen, Gemüse schneiden, Salatsoße umrühren.

So sind sie schon mal mit allen Sinnen dabei, riechen den leckeren Duft, wenn beispielsweise Zwiebeln in Butter angeschmurgelt werden. Die Magensäfte fließen zusammen. Anschließend alles nett anrichten und mit einem liebevoll gedeckten Tisch gleichzeitig den Schönheitssinn wecken.

Und dann beim Essen weiter Vorbild bleiben. Selbst mit Freude essen – genussvoll: «Hm, die Salatsoße schmeckt ja heute besonders gut. Herrlich, mit den frischen Kräutern und der Zitrone!»

Und wenn das Kind immer noch sagt: «Schmeckt mir nicht»? Kinder sagen das oft, um zu testen, was passiert. Merken sie dann: «Immer, wenn ich das sage, sind die Erwachsenen so richtig aufgeregt. Und ich kann das machen», so ist das ein faszinierendes Erlebnis von Eigenmacht. Humor löst die Sache leichter, als gleich gekränkt zu sein. Wir können einfach sagen: «Schade, dass es dir nicht schmeckt.» Und dann unbeirrt genussvoll weiteressen.

Lassen wir außerdem das Nötigen: «Probier halt, wenigstens ein Stück.» Kinder richten sich an dem aus, was wir selbst tun und vorleben. Darauf dürfen wir vertrauen. Der beste Motivator für unsere Kinder sind nicht Worte und Argumente, sondern unser Vorbild.

«Wir brauchen unsere Kinder nicht zu erziehen, sie machen uns ja doch alles nach!» Dieser treffende Satz war in einer S-Bahn-Unterführung zu lesen.

Kinder brauchen Klarheit

Kinder akzeptieren den Erwachsenen, der in seiner Rolle eindeutig ist. Der klar sagt, wo es langgeht – und wie es geht. Erstaunlich rasch verstehen sie auf einmal, was gemeint ist.

Unterwegs in der Straßenbahn. An der ersten Tür hinter der Fahrerkabine steigt ein Vater mit seinem etwa dreijährigen Sohn im Kinderwagen zu. Der Bub klettert aus dem Wagen und trommelt gegen die Fahrerkabine. Der Vater: «Magst du einen Keks?» Der Kleine guckt kurz und trommelt mit beeindruckender Lautstärke weiter. Der Vater: «Magst du was trinken?» Er reicht dem Kind die Trinkflasche. Doch es macht weiter.

Die Straßenbahn hält. Der Schaffner kommt aus seiner Kabine. Er blickt dem Kind in die Augen und sagt: «So, du bist jetzt still, sonst kann ich nicht Straßenbahn fahren.»

Das Kind schaut mit großen Augen an dem Mann hoch. Augenblicklich ist es ruhig.

Anleiten statt ablenken

Wieso akzeptiert das Kind diesen Erwachsenen? Er tut etwas sehr Wesentliches: Er sagt, was er jetzt im Moment von ihm erwartet: «So, du bist jetzt still …»

Das ist eine klare Handlungsanweisung. Die brauchen Kinder, denn sie können nicht riechen, was, wo, wann, wie gilt.

Anleiten statt ablenken. Hier leitet der Schaffner an. Es sind nicht nur seine Worte, die wirken. Es ist seine vollkommene Präsenz. Auch die Art, wie er dasteht. Keine Spur von Unsicherheit. Sein Blick, seine Gesten sprechen eine eindeutige Sprache. Das Kind weiß sofort, woran es ist. Und darum geht es. Kinder wollen wissen, woran sie sind.

Rollenklarheit ist der Schlüssel

Rollenklarheit ist der Schlüssel zur Erziehung mit mehr Gelassenheit. Wir müssen endlich weg von der falschen Vorstellung, es sei «Kindesmisshandlung», wenn Eltern ihre Rolle ganz klar annehmen. Das Gegenteil ist wahr.

Kinder sind Kinder und auf dem Weg, auf allen Ebenen zu lernen und eigene Fähigkeiten zu erwerben. Sie sind ganz klar keine Partner, keine Chefs und keine Bestimmer.

Und Eltern sind keine Kumpel, keine «besten Freunde», keine «Dauer-Wunscherfüller.» Sondern?

Als Eltern sind wir zunächst einmal auf dem Weg, das Elternsein zu lernen. Wir haben ja anfangs noch so wenig Erfahrung, machen Fehler und sind ungeschickt. Das gehört dazu. Doch was wir nie vergessen dürfen, ist dies: Als Eltern sind wir Vorbilder – ob wir es wollen oder nicht. Wir sind sozusagen permanent auf der Bühne. Und Kinder spiegeln alles: Sind wir Erwachsenen unsicher, so sind sie verunsichert. Haben wir eine Haltung, so geben wir ihnen Halt.

Rollenklarheit üben

Rollenklarheit beginnt im Kopf. Wichtig ist, dass wir Erwachsenen erst einmal erkennen, wie notwendig sie ist. «Not-wendig» – was für ein treffendes Wort! Rollenklarheit hilft in der Tat, Erziehungsnöte zu wenden.

Raus aus dem sogenannten «ganz alltäglichen Wahnsinn» geht es, sobald wir Erwachsenen Mut fassen und wieder selbst die Leitung übernehmen. Es ist unsere natürliche Aufgabe, zu führen und zu entscheiden, was, wann, wo und wie gilt.

Selbst klar sein, das hilft zum Einüben:

«Rollenklarheit!» Das können wir uns als Eltern auf den Spiegel, ins Notizbuch oder auf die Pinnwand schreiben. Dorthin, wo wir es immer wieder vor Augen haben. Damit wir nicht ständig Eulen nach Athen tragen und uns dann ärgern, wenn ein Kind uns nicht versteht.

«Aber unser Kind schreit dann immer»

«Unser Kind ist besonders schwierig, nie macht es, was es soll.» So die Mutter der vierjährigen Johanna. «Zum Beispiel am Abend, wenn ich ihr den Schlafanzug anziehe. Dann schreit sie und ruft ‹blöde Mama› – und zieht alles gleich wieder aus. So ist das jeden Tag. Nur wenn ich brülle, klappt es. Aber danach geht es mir gar nicht gut. Dann hab' ich ein schlechtes Gewissen.»

Was tun, damit Johanna versteht und alle wieder tief Luft holen können? Das Kind braucht Rollenklarheit mit der klaren Vorgabe der Eltern: «Jetzt ist Anziehen dran und nichts anderes.» Nur dieses eine Thema. Genau darum geht es jetzt.

Rollenklarheit praktisch

Wo immer es Schwierigkeiten gibt, weil ein Kind sich widersetzt, nicht «hört» oder wegläuft, geht es in erster Linie darum, dass wir selbst ganz klar sind. Konkret hilfreich sind hier die **5 A's:**

1. Absolute Aufmerksamkeit:
   Kein Multi-Tasking, sondern selbst ganz präsent sein.
2. Ansprechen mit Namen:
   Das Kind mit seinem Namen ansprechen.
3. Augenkontakt:
   Dem Kind in die Augen blicken. «Der Blick ist das zweite Rückgrat», so ein chinesisches Sprichwort.
4. Anliegen nennen:
   Jetzt geht es genau um diese Sache!
5. Am Ball bleiben:
   Standhaft bei dieser gerade genannten Sache bleiben, bis sie erledigt ist.

Wie gelingt die gleiche Situation?

Die Mutter beschließt, sich nicht mehr von Johanna manipulieren zu lassen. Sie probiert es: Es ist Abend. Die Zeit für den Schlafanzug.

1. Heute erledigt die Mutter keine anderen Aufgaben nebenher. Sie spült nicht noch wie bisher schnell ab. Sie geht nicht ans Telefon. Sie ist ganz präsent neben ihrem Kind. Es geht im Moment nur um den Schlafanzug und darum, dass der ohne Theater angezogen wird.

2. Die Mutter spricht ihr Kind mit Namen an. Wie oft wird das übersehen und wir rufen irgendetwas Unpersönliches. Doch beim Namen genannt zu werden, das weckt den Geist. Johanna merkt: «Aha, jetzt bin wirklich ich gemeint.»

3. Wichtig ist außerdem der Augenkontakt. Nicht umsonst heißt es: «Die Augen sind die Spiegel der Seele.»

4. Dann das klare Anliegen: «Johanna, jetzt ist Zeit für den Schlafanzug.» Johanna will weglaufen. Das ist sie ja gewohnt: weghören und weglaufen. Was jetzt? Die Mutter hat sich heute vorgenommen, sich nicht beirren zu lassen. Was tut sie?

5. Sie bleibt am Ball: «Johanna, schau mich bitte an.» Das Kind guckt immer noch weg. «Ich warte.» Warum ist es so wichtig, dass der Augenkontakt wenigstens kurz stattfindet? Wir können das selbst beobachten: Erst die Augensprache ist verbindlich. Das Fünkchen eines Augenblicks genügt. Als ob Kinder das ahnen würden, versuchen sie dem erst einmal auszuweichen. Doch jetzt erwidert Johanna den Blick. Und darauf kommt es an. Ja, jetzt hat sie verstanden. Sie zieht tatsächlich ihren Schlafanzug an.

Das klappt tatsächlich

«Das mit den fünf Schritten, das funktioniert tatsächlich», berichtet eine Mutter beim nächsten Treffen. «Selbst bei meinem fünfzehnjährigen Teenager hat das neulich geklappt. Schon seit Wochen hat es mich genervt, dass er seine Musikanlage immer so laut stellt. Und jetzt hab ich das mit den fünf Schritten probiert. Mittags, noch bevor er in sein Zimmer verschwand, habe ich ihn zur Seite genommen. Da hab ich auch erst bemerkt, wie selten ich ihn mit seinem Namen anspreche.

Es war mir erst ganz fremd, ihm zu sagen: ‹Thomas …› Auch der Augenkontakt – darauf habe ich vorher nie so geachtet. Dann habe ich ihm mein Anliegen genannt. Das hab ich mir extra vorher überlegt. Was will ich denn überhaupt? Jetzt habe ich ihm ganz klar gesagt: ‹Thomas, bitte dreh die Musik heute leiser als gestern, ich kriege sonst Kopfweh und kann mich auf gar nichts anderes konzentrieren.›

Und was dann passiert ist, das hat mich total verblüfft. Sagt er: ‹Klar doch. Ist das alles?› – Nach einer Weile steckt er den Kopf aus dem Zimmer: ‹Zufrieden?› – ‹Ja›, sag ich, ‹sehr zufrieden. Danke, Thomas.›»

Kindern wachsen helfen

Kinder sind unser Kostbarstes. Wir werden ihnen gerecht, und der Familienalltag entspannt sich, indem wir Erwachsenen vorangehen – Verantwortung übernehmen und Vorbild sind.

Ein Baum braucht, um Früchte zu tragen,
Luft, gute Erde, Sonne und Wasser.
Ein menschliches Wesen benötigt,
um sich zu öffnen und zu entfalten,
Nahrung, Schutz und ein offenes Herz,
welches ihm Liebe gibt,
und einen anderen Menschen,
welcher ihm hilft zu wachsen.

Ute Craemer
(aus Favela Monte Azul, Stuttgart 1987, S. 21)

2. Respekt

Eine Mutter mit ihrem vierjährigen Sohn in der U-Bahn.
Der Kleine will etwas. Die Mutter: «Jetzt nicht!» Da
holt der Bub mit dem Fuß aus und tritt gegen das
Schienbein der Mutter. Die zuckt kurz zusammen,
doch sie sagt nichts. Kein Wort, kein Blick. Als ob
nichts gewesen wäre, steigt sie mit ihrem Sohn an der
nächsten Station aus.

«Mein Kind schlägt oft zu»

Dass die Kinder ihre Eltern schlagen, ist heute ein akutes Thema.

«Aber das ist doch ganz normal», meinte eine Mutter, «das tun doch heute alle.» Eine andere sagt: «Mir macht es ja nichts. Ich will nur nicht, dass mein Kind andere schlägt.»

Das kleine Geschwisterchen zum Beispiel, das soll bewahrt werden. *«Mein zweieinhalbjähriger Sohn wirft ständig mit allen möglichen Gegenständen um sich und gezielt auch auf Personen, zum Beispiel auf meinen Mann und mich, und haut auch oft zu. Wir bekommen in drei Wochen noch ein zweites Kind, und jetzt machen wir uns Sorgen, dass er es verletzen könnte. Was sollen wir tun?»*

Wie geht es den Eltern?

Was fällt hier auf? Thema ist nur die Sorge um das Geschwisterchen. Doch wie geht es den Eltern, wenn ihr Kind sie schlägt? Mit der Einstellung «Mir macht es ja nichts» untergraben wir die Achtung vor uns selbst. Damit laden wir ein Kind geradezu ein, weiterhin «schlimm» zu sein.

Fragen wir uns: Was hat denn dieses zweieinhalbjährige Kind bis jetzt schon gelernt, dass es die Eltern so behandeln konnte, als wären sie irgendein Gegenstand? Wie etwa ein Tisch. Der Tisch sagt nichts, wenn das Kind dagegenstößt. Er ist ja ein Ding. Er kann es nicht.

Mutter und Vater sind Menschen. Wie wir mit uns umgehen lassen, das geht weit über das Persönliche hinaus. Von den Eltern, den ersten und wichtigsten Menschen in seinem Leben, lernt das Kind: «Was ich mit Mama und Papa tun kann, das ist in Ordnung. So geht man mit Menschen um.» Das überträgt das Kind auch auf andere Orte und Zusammenhänge.

Raus aus der Aschenputtel-Falle

Oft hoffen Eltern, dass sich aggressives Verhalten auswächst, sobald das Kind älter wird. Ein vergeblicher Wunsch. Das Gegenteil ist der Fall. Die Mutter eines dreizehnjährigen Mädchens, die verzweifelt ist, weil ihre Tochter sie, wie sie sagt, bei der kleinsten Kleinigkeit «fertigmacht», fragt: «Gibt's denn keine Tablette für so was? Da erfinden sie doch alles. Auf den Mond können sie fliegen. Für alles gibt's was.»

Es gibt keine Wundertablette fürs Erziehen. Das Wunder schaffen wir selbst. Es beginnt damit, dass wir uns selbst achten. Das ist der Grundpfeiler, denn ohne Selbstachtung sind Erziehungsschwierigkeiten vorprogrammiert. Von Bernhard von Clairvaux stammt der Satz: «Damit deine Menschlichkeit allumfassend und vollkommen sein kann, musst du … auch für dich selbst ein aufmerksames Herz haben.»[3] Auch die Bibel erinnert an die Achtung der eigenen Würde: «Liebe deinen Nächsten wie dich selbst.»

Achtgeben auf sich selbst. Verantwortung übernehmen für sich. Ehrlich sein zu sich selbst. Spüren: Die eigene Menschenwürde wird ganz klar verletzt, wenn wir Übergriffe eines Kindes klaglos und unwidersprochen erdulden. Aggressionen des Kindes sind nichts anderes als Hilferufe.

Deswegen: möglichst schnell raus aus dieser Aschenputtel-Falle, die von der Haltung geprägt ist: «Bei mir ist es ja egal.» Das ist es nicht! Stattdessen das Nötige tun: Wahrhaftig sein und ganz klar Nein sagen, wenn ein Kind «übergriffig» wird. Macht es trotzdem weiter, dann gilt Rollenklarheit (siehe hier das Kapitel «Rollenklarheit» auf Seite 9ff.) und die Botschaft: *«Wenn ich Nein sage, dann mein' ich das auch!»*

Klare Grenzen

Klare Grenzen sind ehrlich. Und sie sind nötig. Und sie müssen sofort gezogen werden. Damit ist nicht mehr das Kind «schuld», wenn es im Alltag so schwierig ist, sondern wir Erwachsenen übernehmen die Verantwortung.

Als Eltern sind wir nicht nur «Erziehungsberechtigte» – sondern «Erziehungsverpflichtete». Es ist unsere Pflicht, einem Kind zu sagen, was erlaubt ist und was nicht. Wenn nötig auch da, wo gerade andere Leute in der Nähe sind.

«Das Menschsein lernt der Mensch am Menschen.» Mit dieser Lebensweisheit benennt Novalis das Wesentliche, worauf es ankommt. Kinder brauchen Vorbilder, die sie achten können – und die ihnen emotionale Sicherheit geben. An erster Stelle stehen da die Eltern. Bei kindlichen Übergriffen gilt es, sofort einen Riegel vorzuschieben und Kindern beizubringen: *«Was du nicht willst, dass man dir tu, das füg auch keinem andern zu!»*

Konflikte gehören gleich auf den Tisch

Übersetzt in die Praxis heißt das: «Stopp, *Simon! Bei uns wird nicht geschlagen! Und ich sag dir auch, warum: Es tut weh. Ich lasse es nicht zu.»* Ganz nach allen Regeln der Rollenklarheit (siehe hierzu auch das Kapitel «Rollenklarheit», die 5 A's auf Seite 17f.). Das Gleiche gilt bei anderen Übergriffen: Treten, Beißen, Spucken, Kratzen ist tabu. Gegenüber jedem.

Geschieht es doch, dann gilt: sofort Grenzen setzen. «Nein!», «Schluss!» oder «Stopp!» Auch beleidigende Worte sind tabu. Sofort die Notbremse ziehen: «Das lasse ich nicht zu.»

Das wirkt, auch wenn größere oder pubertierende Kinder

ausfallend werden: «*Stopp, Barbara, nicht in diesem Ton! Bitte, komm wieder, wenn du dich beruhigt hast.*»

Konflikte sind normal, und Kinder testen uns damit aus. Konflikten aus dem Weg zu gehen ist falsch. Es macht alles nur noch schlimmer. Darum: keine falsche «Gutmütigkeit», kein Wegschauen, keine Beliebigkeit. Nehmen wir einen Konflikt wie ein Stier das «rote Tuch». Kehren wir ihn nicht unter den Teppich, sondern bringen ihn gleich auf den Tisch – denn jegliches Verhalten wird gelernt. Ein Kind, dem nicht beigebracht wird, was es darf und was nicht, erwirbt unweigerlich Defizite im sozialen Verhalten.

Respekt vor dem Essen

«Nein», sagt die Mutter, als Lars ein zweites Stück Kuchen nehmen will. Sie zeigt auf seinen Teller: «Schau, hier hast du ein angebissenes Stück. Das wird erst aufgegessen.» Lars will trotzdem noch. Ganz nach Art der Kinder, die eben genau wissen wollen, ob auch gilt, was der Erwachsene sagt.

Selbstverständlich gilt es. Sonst wären alle Bemühungen bislang umsonst. In diesem Fall: Die Mutter nimmt sanft die Hand des Dreijährigen vom großen Kuchenteller weg und wiederholt: «Schau, Lars, hier hast du doch Kuchen. Erst gibt es den.» Jetzt hat Lars tatsächlich verstanden.

Was fällt hier auf? In dieser Familie gilt der Respekt auch gegenüber dem Essen: «Solange noch etwas auf dem Teller ist, gibt's nichts Neues.» Das ist ganz praktische Werte-Erziehung mit dem Anliegen, dass Essen nicht wahllos genommen und hinterher weggeschmissen wird, weil's dann doch zu viel war.

Und warum versteht Lars das in relativ kurzer Zeit? Es gab nicht diese «Nein-Inflation», die Kindern beim einen Ohr rein, und beim anderen wieder rausgeht. Kein aufgeregtes «Nein, nein, nein, jetzt kapier das doch endlich mal!». Stattdessen ein *handlungsbegleitendes Nein*. Hier nimmt die Mutter sanft und doch ganz klar die Hand des Kindes vom großen Kuchenteller weg und weist auf das angebissene Stück hin. Es ist ein *spürbares Nein*. Eindeutig und klar. Das verstehen Kinder.

«Nein, das erlaube ich nicht»

Kinder haben von sich aus noch keine Grenzen. Doch sie sind unermüdlich auf der Suche danach. Jeden Tag suchen sie sie neu. Bereits die Kleinsten. Auch sie brauchen ganz klare Grenzen. Selbst wenn es noch nicht wehtut, wenn ihr Kinderhändchen in unserem Gesicht landet: sie brauchen eine eindeutige Reaktion. Beispielsweise den Kopf schütteln und das Händchen festhalten und klar mitteilen: «Nein, das erlaube ich nicht!»

Wichtig ist hier wieder das *handlungsbegleitende Nein*. Das genügt einmal. Ein klares «Nein» und bestärkend dazu den Kopf schütteln und das Händchen wegführen: das verstehen kleine Kinder. Jetzt – in dieser einen Situation.

Gute Gewohnheiten einüben

Manche Erwachsene mögen vielleicht einwenden: «Aber wir hatten das Thema doch erst heute früh – und jetzt geht es schon wieder los. Ich kann doch nicht dauernd von vorne anfangen.» Es wäre ja praktisch, wenn ein Kind sich gleich alles merken würde, für Kinder gilt jedoch: Einmal ist keinmal. Genauso, wie sie nicht auf Anhieb stehen lernen. Sie probieren es wieder und wieder und wieder, bis es in Fleisch und Blut übergeht. Deswegen gilt besonders für die «guten Gewohnheiten», die wir Kindern beibringen wollen: wiederholen, wiederholen, wiederholen. Wiederholung heißt – Fähigkeiten erwerben. Und das macht Kinder selbstsicher.

Respekt ist ein Geben und Nehmen

In diesem Punkt können wir uns auch ruhig selbst einmal den Spiegel vorhalten. Wir erwarten von unseren Kindern Respekt – doch wie sprechen wir über sie? Wie oft werden Kinder von Erwachsenen als «kleiner Tyrann», «Monster», «Biest» oder «Hexe» bezeichnet.

Ein Vater sagt beispielsweise abends zu seinen Söhnen: «Na, ihr Terroristen, was habt ihr denn heute angestellt?» Auf die Frage «Warum nennst du deine Kinder so?» antwortet er: «Ach, das ist doch bloß ein Scherz!»

Und aus der Sicht der Kinder? Da sind solche Ausdrücke eine tiefe Kränkung. Selbst wenn sie im Moment aus Unsicherheit mitlachen, weil sich die Großen amüsieren. Lassen wir uns nicht täuschen: Reden sind Taten. Was einmal gesagt wurde, kann nicht mehr zurückgenommen werden. Es wirkt. Und deswegen gilt ganz besonders für das Erziehen die überlieferte Weisheit aus dem Talmud:

Achte auf deine Gedanken, denn sie werden zu Worten.
Achte auf deine Worte, denn sie werden zu Taten.
Achte auf deine Taten, denn sie werden zu Gewohnheiten.

Herzensbildung

Respekt ist Herzensbildung – und die ist niemandem in die Wiege gelegt. Respekt macht das Leben menschlich. Erlernt wird Respekt allein durch Vorleben. Gerade in der Familie, wo alle so nah aufeinanderwohnen und jeder die Schwächen des anderen kennt, ist tägliches Respektzeigen ein wichtiger Übungsweg. Respektvoll umgehen mit dem Partner, genauso wie mit den Kindern und mit anderen Menschen – das ist kein weiterer Aufwand, doch es ist Wertschätzung. Und die tut einfach gut. Wer sich wertgeschätzt fühlt, lernt, sich selbst zu achten.

Unser Vorbild ist maßgeblich! Wenn ich etwas von jemandem will, dann gilt: den anderen beim Namen nennen und Augenkontakt aufnehmen, anstatt so nebenbei zu sagen: «Du, komm, mach endlich.» Dies gehört – ebenso wie auch das Bitten und das Danken – zu den kleinen Gaben der Herzensbildung.

Robert ist schon mal ganz Ohr, weil er seinen Namen hört. Die Mutter schaut ihn an. «Robert, hilfst du bitte beim Tischdecken.» Genauso ist es bei Silja: «Silja, bitte räum deine Schuhe aus dem Weg!»

Der Name und dann noch ein kurzes Bitte – das ist weder verstaubt noch altmodisch. Es sind kleine «Herzerwärmer», die wir schenken können. Großzügig. Respekt beginnt im Kleinen. Im Alltäglichen. Und je mehr wir davon geben, umso gelassener gelingt uns das alltägliche Miteinander.

Der Erziehungsalltag entspannt sich, sobald wir mit gutem Beispiel vorangehen. Indem wir selbst darauf achten, Kinder respektvoll anzusprechen, gewinnt die ganze Stimmung. Beide können miteinander wachsen – Erwachsene und Kinder (siehe auch das Kapitel «Regeln» auf Seite 31ff.).

«Das tut mir leid»

Als Eltern fällt es uns oft erst hinterher auf, dass wir unser Kind respektlos behandelt haben.

So wie diesem Vater: Er hat es an diesem Morgen besonders eilig. Just heute – so erscheint es ihm – trödelt der Kleine extrem. Der Vater explodiert. Er schreit den Sohn fürchterlich an und trägt ihn die Treppe runter ins Auto. Er hat schlechte Laune – und auch ein schlechtes Gewissen. Am Tor zum Kindergarten hat er auf einmal Schuldgefühle.

Und jetzt? Belässt er es dabei? Zum Glück nicht. Er tut etwas, was einfach nur vorbildlich ist.

Er beugt sich zu seinem Sohn und sagt: «Oh, Benedikt, das tut mir wirklich leid, dass ich dich vorhin so angeschrien habe. Bitte entschuldige. Das wollte ich nicht.»

Vorbildlich deswegen, weil das Kind damit etwas sehr Entscheidendes erlebt: Fehler passieren. Und wenn schon, dann ist es wichtig, sich zu entschuldigen: «Es tut mir leid.» Über den eigenen Schatten springen, auch wenn es schwierig ist. Doch genau das ist wichtig. Um Verzeihung bitten zu können, ist menschliche Größe. Es ist vorbildlich. Es ist Balsam für ein respektvolles Miteinander. Es ist Herzensbildung vom Feinsten.

Die Grundgesten des Respekts gehen von uns Erwachsenen aus: Ich achte mich – ich achte dich. Das ist der Weg vom Ich zum Du in der Welt. Der Weg, der hilft, Erziehungsstress erheblich zu reduzieren. «Die wahre Bildung», so ein Sprichwort, «ist immer noch die Herzensbildung.»

3. Regeln

«Ich setze ja Regeln», sagt eine Mutter, «aber die nützen bei uns nichts. Mein Jakob hält sich nie daran.» Jakob ist vier Jahre alt. Beklagt wird das Aufräumen. «Mein Sohn weiß ganz genau, dass er abends seine Sachen wegräumen soll, aber er wirft höchstens ein paar Klötze in die Kiste, und dann spielt er einfach weiter, als ob ich nichts gesagt hätte.»

Warum klappt es hier nicht mit dem Aufräumen? Schauen wir etwas näher hin. Die Mutter schildert, wie sie vorgeht: «Also, bevor es Abendessen gibt, sage ich meinem Sohn: ‹Jetzt ist Zeit. Bitte räum auf!›»

Was tut die Mutter indessen? «Meistens bereite ich das Abendessen. Und zwischendurch komme ich ab und zu aus der Küche und schaue, dass er in die Gänge kommt. Bis mir der Kragen platzt und ich nur noch schimpfe.»

Das erinnert an die folgende Geschichte: Ein kleiner Krebs ist mit seiner Mutter unterwegs. Die tadelt dauernd: «Nun geh endlich mal geradeaus. Wie oft soll ich dir das noch sagen! Kannst du denn nicht hören?» Der kleine Krebs: «Geh doch voraus, damit ich es von dir abschauen kann.»

Regeln einüben, aber wie?

«Geh doch voraus.» Diese Antwort zeigt die goldene Brücke, die Kinder brauchen, um Regeln einzuüben: «Mach es mir vor.» – «Zeig es mir.»

Es ist wie beim Tanzen. Keiner lernt es durch Worte. Da braucht es einen, der es vormacht. Wieder und wieder. Abschauen und gleich mitmachen ist für Kinder der beste Weg, eigene Fähigkeiten zu erwerben. Das gilt auch fürs Aufräumen.

«Komm, wir machen es zusammen»

Das ist sicher die ersten vier, fünf, sechs Lebensjahre notwendig. Eben so lange, bis es eingeübt ist. Und dafür ist unser Vorbild maßgeblich. Selbst mitmachen: so erlebt das Kind, wie die gewünschte Aufgabe auch rasch und bei guter Laune erledigt werden kann.

Doch Vorsicht! Unsere Einstellung macht's. Merken Kinder, dass wir notwendige Aufgaben, zum Beispiel das Aufräumen, eher missmutig erledigen, ist klar, woher ihr Unmut kommt. Kinder spiegeln eins zu eins alles zurück, was wir ihnen vorleben. Damit sie eine positive Einstellung zu Pflichten entwickeln, hilft nur: Raus aus dem Trott – frischen Wind reinbringen und daran arbeiten, den Kindern ein gutes Vorbild zu sein.

Diese Regeln helfen

Regeln ersparen Ärger – und leidige Auseinandersetzungen.

Das Thema Aufräumen entspannt sich, sobald es klare Regeln dafür gibt, die vorher abgesprochen werden und dann auch gelten.

Die erste Regel:
Aufgeräumt wird immer zur gleichen Zeit – am besten vor dem Abendessen. Ein kleines Ritual zum Übergang (siehe hierzu auch «Rituale mit Singsang und Klang» auf Seite 55) und dann die klare Botschaft: «Jetzt ist Zeit zum Aufräumen.»

Aber was tun, wenn die Kinder feilschen: «Nur noch ein bisschen …»?

Da gilt die zweite Regel:
Konsequent dranbleiben. Kein Verhandeln oder Überreden. Stattdessen klar und liebevoll sagen: «Ja, Jakob, ich habe es gehört. *Und trotzdem ist jetzt Zeit zum Aufräumen. Und dabei bleibt es!*»

Das ist wichtig für Kinder. Sie erleben damit, dass Eltern kein Spielball sind, sondern dass Verlass auf das ist, was sie sagen. Das gibt ihnen Sicherheit. Wir Eltern sind das Modell, um Regeln einzuüben (siehe auch «Komm, wir machen es zusammen» auf Seite 33).

Regeln brauchen wir für stressanfällige Situationen, zum Beispiel morgens, damit es möglichst reibungslos klappt, wenn alle losmüssen. Regeln brauchen wir, um abendliches Chaos zu vermeiden. Regeln brauchen wir auch am Esstisch.

»Mein Kind isst immer so unappetitlich»

«Meine Tochter isst immer mit den Fingern. Ich mag gar nicht mehr hinschauen. Wir sagen ständig, dass sie das lassen soll und nicht immer ihre schmutzigen Finger überall abwischen soll. Aber das bringt nichts.»

Die Situation scheint völlig verfahren. Das Kind ist in einer Rolle, in der es sich als mächtig erlebt. Und das ist ungesund, denn seiner Natur nach braucht es etwas ganz anderes. «Das Kind will», so der große Kinderfreund Janusz Korczak, «ernst genommen werden. Es verlangt Vertrauen, es erwartet Weisungen.»[4]

Übersetzt auf das Essensthema heißt das: Es braucht überhaupt erst mal das Vertrauen der Eltern: «Ja, ich traue es dir zu, dass du appetitlich essen kannst.» Und nun die Weisung – und welche genau?

Wie soll es denn sein?

Überlegen wir selbst: Wie müsste es denn sein in einer bisher heiklen Situation, wenn es gut sein soll? Was soll bei uns am Esstisch gelten? Eine wichtige Regel lautet: «Bei uns wird mit Besteck gegessen.»

Ab wann sollten Essensregeln gelten? Gut ist es, möglichst früh zu beginnen. Ein Löffel ist etwa ab dem sechsten Monat richtig. Eine Gabel etwa ab einem Jahr. Sicher geht am Anfang noch einiges daneben. Übung macht den Meister. Und Kinder sind auch stolz, wenn sie es dann irgendwann schon ganz gut können.

Konsequent bleiben

Das gilt auch für wichtige Tischregeln. «Bei uns wird mit Besteck gegessen.» Ohne Diskussion. Es ist eine Regel, die gilt. Konsequent bleiben ist eine wichtige Stütze zum «Erziehen mit Gelassenheit». Dagegen macht die Unsicherheit der Eltern alles nur komplizierter, wie beispielsweise hier:

«Manchmal», so eine Mutter, «lässt sich mein Sohn überreden, Löffel oder Gabel zu benutzen, aber eher selten. Deswegen gibt es nur solche Sachen, die er mit Händen essen kann: Nudeln, Möhren, Bohnen, Fischstäbchen, Brot.»

Was ist daran so schlecht? Es ist wieder dieses Partnerschaftliche, das «Überreden» und Gleich-wieder-Zurückstecken: «Ah, du möchtest lieber mit den Fingern essen – na gut.» Damit rücken wir das Kind in eine Machtposition mit der Folge: Der Esstisch wird weiterhin ein Stresstisch sein. Und nichts ist mit «Erziehen mit Gelassenheit.»

Regeln vorher absprechen

Die Eltern, die nun die Regel neu einführen wollen, tun dies am besten außerhalb der «heißen Phase». Regeln müssen immer vorher abgesprochen sein! In diesem Falle heißt das: Die Regel nicht erst nennen, wenn es gerade drunter und drüber geht, sondern vorher, wenn alle noch entspannt sind.

Und was, wenn das nichts nützt? Es gibt ja auch so etwas wie «learning by doing». Für uns Erwachsene heißt das, immer wieder Rollenklarheit zu üben und zu lernen. Mit den 5 A's geht es (siehe hierzu auch Seite 18):

1. Die Sache nicht nebenher ansprechen, sondern mit absoluter Aufmerksamkeit.

2. Außerdem sprechen wir das Kind mit seinem Namen an, damit es überhaupt merkt, dass es gemeint ist.

3. Wir nehmen Augenkontakt auf. Der Blick von Mensch zu Mensch berührt das Kind innerlich – es fühlt sich angesprochen.

4. Das Anliegen nennen: «Bei uns wird mit Besteck gegessen. Ab heute gilt das auch für dich.» – Kurz vor dem Essen noch einmal erinnern. Und Zutrauen zeigen: «Das probierst du heute.» – Zutrauen, das ein Kind im Auge des Erwachsenen sieht, ermutigt es mehr als tausend Ermahnungen.

Falls das Kind trotzdem wieder die Finger nimmt, gilt jetzt das fünfte A:

5. Am Ball bleiben und darauf achten, dass die Regel tatsächlich eingehalten wird. Damit sind wir Erwachsenen berechenbar. Und das geht auch mit Humor: «Weißt du noch unsere Regel, Julia? Die gilt für uns alle. Auch für dich. So, und jetzt probierst du es noch einmal.»

Die Regel gilt

Wir als Eltern sind die ersten und wichtigsten Lehrer unserer Kinder. Daher gilt: Das «Richtige» vormachen und Kinder ermutigen, es selbst zu probieren. «Mach es einfach wie die Großen.» Einüben dauert natürlich. Wir wissen ja: Rom wurde auch nicht an einem Tag erbaut.

Umgangsregeln

Der Alltag gewinnt ganz erheblich, wenn es Umgangsregeln gibt, auf die wir achten: «Wir begrüßen uns, wenn wir heimkommen.» – «Bei uns gähnt man mit vorgehaltener Hand.» – «Wir putzen uns die Nase mit dem Taschentuch.» – «Abfälle gehören in den Mülleimer.» – «Was herunterfällt, wird immer gleich aufgehoben.» – «Keine Handy-Gespräche bei Tisch.» Regeln gelten selbstverständlich für alle. Und sie müssen eingeübt werden, denn was nicht trainiert wird, ist auch nicht abrufbar (siehe auch das Kapitel «Ruhe» auf Seite 85ff.).

Was tun, wenn Regeln ignoriert werden?

Da wird es interessant. Jetzt kommt es darauf an, dass wir Erwachsenen klar und bestimmt sagen: «Die Regel gilt» – statt gleich wieder unsicher zu werden. Das ist wichtig. Und warum? Kinder müssen lernen, dass es Dinge gibt, die getan werden müssen, und dass es Pflichten gibt. Müll rausbringen beispielsweise gehört dazu. Und das klappt, sobald wir selbst standhaft sind – und auch bleiben. «So ist es jetzt. Jetzt bringst du bitte den Müll raus. Ohne Diskussion.»

«Ich will doch gar nicht so streng sein»

Viele Eltern haben Angst, zu streng zu sein und damit die Zuneigung ihrer Kinder zu verlieren. Doch diese Angst ist unbegründet. Klar sein heißt, dem Kind Halt zu geben. Das ist etwas anderes, als streng zu sein. Streng wäre, nach dem «Wenn-dann-Prinzip» zu verfahren und zu sagen: «Wenn du jetzt nicht die Zähne putzt, dann gibt's nachher keine Geschichte.»

Wie oft handeln Eltern so und haben hinterher Schuldgefühle. Diese vermeiden wir, indem wir klar sagen: «So ist es jetzt, das wird gemacht», und die Regel auch einfordern.

Natürlich ist es immer wieder ungemütlich, auf einer Anweisung zu bestehen. Doch da müssen wir durch – unseren Kindern zuliebe. Unsere Klarheit gibt ihnen Orientierung. Danach sehnen sie sich: Hier ist endlich einer, der sich auskennt, der weiß, wo es langgeht, und der sich nicht wie das Fähnlein im Wind dreht.

«Und wenn mein Kind schreit?» – Das mag vorkommen doch es ist kein Grund zur Aufregung. Kinder prüfen gerne, ob eine Regel auch «wasserdicht» ist. Selbstverständlich ist sie es. Sonst nutzen alle Bemühungen nichts.

Regeln –
regelmäßig und in der gleichen Reihenfolge

Regeln helfen da aus der Klemme, wo der Alltag bislang stressbelastet war. Dazu gehört auch das Heimkommen. Ohne Chaos geht es, wenn alles immer den gleichen Ablauf hat:

Die Jacke wird immer sofort ausgezogen und im Flur an den Haken gehängt. Die Straßenschuhe werden immer an den gleichen Platz gestellt. Danach werden immer die Hausschuhe angezogen. Dann werden immer die Hände gewaschen. Jedes Mal in der gleichen Reihenfolge. Jedes Mal auf die gleiche Weise.

Das ist keine Pedanterie, sondern es schützt vor Chaos und bahnt Kindern den Weg zu selbstständigem Handeln.

Aufstehen, Waschen, Anziehen, Essen, Zähneputzen oder Aufräumen – alles gelingt leichter, wenn eine bestimmte Sache immer einen regelmäßigen Ablauf hat.

Ein Beispiel hierfür:
Wenn das Anziehen an der Reihe ist, geschieht es
- immer am selben Platz, etwa neben diesem einen Hocker im Kinderzimmer
- immer in der gleichen Reihenfolge: erst das Höschen, dann das Hemdchen, nun die Strümpfe, dann der Pulli und zuletzt die Hose.

Jedes Mal das gleiche Prinzip. *Kinder lernen durch Tun.* Regelmäßig heißt: So wie es heute geschieht, ist es morgen, übermorgen, in einer Woche, in einem Monat ...

Wiederholen

Die Wiederholung der schon bekannten Abläufe ist wesentlich. Durch Wiederholen wird das, was getan werden soll, verinnerlicht. Es wird zu einer tragenden Gewohnheit und erspart leidige Diskussionen und Ermahnungen. Kinder müssen dann nicht mehr alles austesten.

Medienregeln

Klare Regeln sind auch für Fernsehkonsum, für Videospiele und die Internetnutzung unerlässlich. Kleine Kinder gehören nicht vor den Fernseher, denn der Bildschirm ist kein harmloses Schaufenster. Das Sitzen vor Bildschirmmedien verlockt dazu, sich immer mehr dieser Beschäftigung hinzugeben. Wie maßgebliche Wissenschaftler bestätigen, ist dies mit massiven nachteiligen Folgen verbunden.[5] «Medien sind schleichend zu den neuen Miterziehern des 21. Jahrhunderts geworden», konstatiert beispielsweise Lutz Besser. Bei zunehmend mehr Kindern geht das mit eindeutigem Suchtcharakter einher. Die Folge: «Wer in den Strudel moderner Medien eintaucht, bekommt ein Gehirn, das zwar für ein virtuelles Leben optimal angepasst ist, mit dem man sich aber im normalen Leben nicht mehr zurechtfinden kann.»[7]

Regeln zu setzen, ist hier die Regel Nummer eins für uns Eltern, damit Kinder sich im Sog der Bildschirmmedien nicht selbst verlieren.

Schauen wir es doch mal mit an. Ertragen wir selbst einmal, was den Kindern so vorgesetzt wird. «So ein Schwachsinn!», entschied ein Vater, der diese Anregung übernommen hatte. Danach fiel es ihm ganz leicht, genaue Regeln für Bildschirmzeiten aufzustellen: Was? Wann? Wie lange?

Und das Umsetzen? «Das funktioniert. Genau wie bei anderen notwendigen Regeln: Je entschiedener ich selbst auftrete, umso geringer ist der Protest.»

Eine weitere positive Nebenwirkung:

«Seitdem ich hier klare Regeln setze», sagt eine Mutter von Kindern im Teenageralter, «achten mich meine Kinder wieder. Obwohl sie oft sauer sind. Ich glaube, sie merken, dass es mir nicht um Macht geht, sondern um sie ganz persönlich.»

Es muss ja nicht immer schwer sein

Es ist gar nicht notwendig, immer gleich streng dreinzublicken, wenn eine Regel mal nicht beachtet wird.

Sebastians dreckige Schuhe liegen mitten im Flur. Der Vater schmunzelt und fragt: «Wolltest du auch mal ausprobieren, wie das ist, wenn man seine Schuhe mitten im Weg stehen lässt?»

Oder wenn Florian mal mit ungewaschenen Händen zu Tisch kommt, fragt die Mutter mit einem Lächeln: «Nun, Florian, die Hände waschen wir heute nicht, oder?»

Die Wirkung ist verblüffend. Eine solche Frage ist wie eine Merkstütze. Das Kind hat ausprobiert, ob die Regel «wasserdicht» ist. Jetzt fühlt es sich gesehen. «Aha, ich bin dir tatsächlich wichtig!» Ein Schmunzeln – und das Kind ist motiviert, die Sache zu erledigen. Freuen wir uns daran.

4. Rhythmus

Inzwischen ist es fast 23 Uhr, und Fabian saust immer
noch herum. Der Vierjährige hat den ganzen Abend die
Aufmerksamkeit auf sich gezogen. Eben ist ihm das
Trinkglas aus der Hand gerutscht, und Saft rinnt über
die Tischdecke.

«So, jetzt langt's!», ruft die Mutter ärgerlich.

Entschieden bringt sie ihren Sohn ins Bett. Als sie kurz
darauf zu den Gästen zurückkehrt, die an diesem Abend
geladen sind, sagt einer: «Na, das hättest du ja vor drei
Stunden auch schon haben können.»

«Wie denn? Er hat doch den ganzen Abend damit
genervt, dass er noch nicht müde ist.»

Beliebigkeit verunsichert Kinder zutiefst

Wie leicht sagt sich gegenüber einem Kind: «Du nervst!» Doch in dieser Abendsituation sind nicht nur die Erwachsenen genervt. Das Kind ist es ebenfalls. Mehr noch – es ist extrem gestresst. Und warum? Es ist dieses partnerschaftliche Verhalten: «Willst du?» – «Ach, du willst noch nicht?» – «Na gut.» – «Was magst du denn?»

Kinder sind vollkommen überfordert, wenn wir sie partnerschaftlich behandeln. Dieses dauernde Fragen und das Bemühen, es ihnen immer recht zu machen, führen über kurz oder lang immer zum Konflikt (siehe auch das Kapitel «Rollenklarheit» auf Seite 9ff.).

Wo wir als Eltern lieber Partner sein wollen, als zu erziehen, da wird alles schwierig: das abendliche Zubettbringen, die Mahlzeiten und ganz oft auch der Start in den Tag.

Ein Vater: «Mein Sohn ist vier Jahre alt. Sonst ist er ein lieber Kerl. Aber morgens, da kostet er mich den letzten Nerv.»

Da ist es wieder, dieses «Nerven». Und Kinder bekommen dann oft den Schwarzen Peter zugeschoben. Oft zu Unrecht, denn wo ein chaotischer Tagesablauf herrscht, ohne feste Gewohnheiten, sind Kinder unter Stress. Gestresste Kinder geben Stress weiter. Sie stressen ihre Umgebung. Und das zehrt an den Lebenskräften der gesamten Familie – bis dahin, dass die Freude am Kind abhanden kommt und alle nur noch erschöpft sind.

Das Wundermittel Rhythmus

Was tun? Vorbildlich dafür, wie kleinste bis komplizierteste Abläufe reibungslos funktionieren, ist die Natur, die Schöpfung – ja, unsere eigene Organisation. Denken wir nur an das, was uns lebendig hält: unseren Herzschlag, unseren Atem. Wieso funktioniert hier alles ohne großes Aufheben? Das Wundermittel heißt Rhythmus – und da geht immer alles nach dem gleichen Prinzip.

Rhythmus: ein Vorgang geschieht
- an einem bestimmten Ort
- auf eine bestimmte Weise
- in einem bestimmten Zeitintervall.

Pause und Wiederholung: Das Gleiche wieder und wieder und wieder – am gleichen Ort, auf die gleiche Weise, im gleichen Zeitabstand. Regelmäßig. Verlässlich.

Alles Lebendige funktioniert so. Angefangen von der kleinsten Zelle bis zu den großen Rhythmen der Gestirne: Tag – Nacht; Tag – Nacht. Das Grundprinzip des Rhythmus ist das verlässliche Wiederholen.

«Wiederholung», so die Entwicklungspsychologin Anna Jean Ayres, spart «Nervenenergie».[8] Und genau das brauchen wir für die Erziehung. – Übersetzt in den Familienalltag heißt das: Wir brauchen feste Abläufe, die regelmäßig zu bestimmten Zeiten gelten. Damit ersparen wir uns und unseren Kindern viel Leid, viel Ärger und nerviges Herumdiskutieren.

Ein klarer Tagesrhythmus

Wie gelingt es, einen sinnvollen Tagesrhythmus in den Familienalltag zu integrieren? Am besten gehen wir ganz praktisch vor – mit Papier und Bleistift: Notieren wir in eine Spalte untereinander erst einmal die wesentlichen Vorgänge, die Tag für Tag dran sind. Beispielsweise morgens, da verläuft es für die Kinder Clara und Jakob immer in der gleichen Reihenfolge:

- geweckt werden
- aufstehen
- ins Bad gehen
- anziehen
- gemeinsames Frühstück
- noch einmal ins Bad gehen
- Schuhe und Jacke anziehen
- aus dem Haus (in den Kindergarten, in die Schule) gehen.

Neben diese Liste kommen die Uhrzeiten.

«So genau? Ist das wirklich nötig?» Ja, anfangs unbedingt, denn damit verschaffen wir uns als Eltern selbst die notwendige Klarheit.

Ebenso wie für den Morgen brauchen wir in der Familie regelmäßige Zeiten für Essen, Hausaufgaben, Spielen, wann die Kinder ins Freie gehen oder ein Instrument üben – und für den Feierabend.

Die Kinder holen wir ins Boot, wenn wir den Tagesablauf deutlich auf großformatiges Papier schreiben und sie ermuntern, kleine Bilder dazu zu malen, beispielsweise neben die Uhrzeit für das Wecken eine Sonne, für die Zeit zum Zähneputzen eine Zahnbürste … Heften wir den Plan an eine unübersehbare Stelle, etwa an die Küchentür oder an die Pinnwand im Flur, so fällt immer wieder im Vorbeigehen der Blick darauf und ermuntert uns, die guten Vorsätze auch in die Tat umzusetzen.

Und wo ist was?

Anziehen, Erledigen der Hausaufgaben oder Essen sollte am besten immer am gleichen Ort stattfinden, das erleichtert die Orientierung. Kinder haben ein gutes Ortsgedächtnis – jedoch noch keine Lernstrategie. Deswegen sind sie so sehr auf unsere klare Anleitung angewiesen!

Bei Hausbesuchen und oft auch in Beratungsgesprächen zeigt sich immer häufiger: In vielen Familien gibt es nicht einmal mehr einen Esstisch. Doch genau der ist unverzichtbar. Der Esstisch ist ein Kraftort. Und dieser ist für die ganze Familie wichtig. Jeder – und selbstverständlich unsere Kinder – braucht regelmäßige Mahlzeiten, die an diesem Ort eingenommen werden: morgens und abends. Wenn die Kinder zu Hause sind, dann auch mittags. Essen ist keine «Nebenbeigeschichte», sondern ein kulturelles, soziales, gesundheitsförderndes Ereignis. Deswegen die erste Empfehlung an Familien ohne Esstisch: Der nächste Samstag ist der Tag, an dem man einen Tisch kaufen sollte!

Tag-Nacht-Rhythmus

Kraft können unsere Kinder durch einen verlässlichen Tag-Nacht-Rhythmus schöpfen. Um ihn mit der nötigen Sicherheit einzuführen, hilft uns Erwachsenen die genaue Kenntnis darüber, wie viel Schlaf ein Kind in welchem Alter braucht. Ein drei Monate alter Säugling braucht insgesamt dreizehn bis fünfzehn Stunden Schlaf – verteilt auf etwa fünf Stunden tagsüber und den Rest der Zeit nachts; dabei wacht er ein- bis zweimal in der Nacht auf. Kindergartenkinder brauchen noch etwa zwölf Stunden Schlaf, Schulkinder etwa zehn bis elf Stunden. «Oh, da bekommt mein Kind aber viel zu wenig», stellen Eltern oft fest, wenn sie dies hören.

Warum ist ausreichender Schlaf so wichtig?

Guter Schlaf ist wichtig, damit Kinder sich auf allen Ebenen gesund entwickeln können. Im Schlaf werden die tagsüber verbrauchten Kräfte regeneriert. Der Atemrhythmus pendelt sich ein. Die Erlebnisse des Tages werden nachts «verdaut». Die Organe des Kindes, einschließlich des Gehirns, wachsen im Schlaf. Damit Kinder nachts genügend Schlaf bekommen, brauchen sie relativ «starre Bettzeiten». Zu einem Höhepunkt wird das Zubettgehen durch schöne Rituale (siehe hierzu auch das Kapitel «Rituale» ab Seite 51).

Nacht ist Nacht

Nachts durchzuschlafen will eingeübt werden. Es hilft den Kindern, nächtliches Aufwachen – das bei Säuglingen noch ganz normal ist – recht bald zu reduzieren, wenn wir Erwachsenen möglichst wenig Aufhebens darum machen: beispielsweise so wenig Licht wie nötig. Beruhigende Gesten der Versorgung, des Tröstens. Keinesfalls spielen, kuscheln, tändeln oder Aktivitäten, die nächtliches Wachsein erst interessant machen könnten.

Rhythmus einüben

Ist ein sinnvoller Tagesrhythmus aufgestellt, muss er erst eingeübt werden. Das geht nicht von heute auf morgen. Es ist ein Weg. Der wird von Mal zu Mal leichter, wenn in einer Situation die gleichen Abläufe genauso wiederkehren. Das entlastet alle, weil jeder sich auskennt.

Das Einüben neuer, sinnvoller Abläufe dauert mindestens vier Wochen. Und dafür gibt es nur eins: wiederholen, wiederholen,

wiederholen. Nach dem schon beschriebenen Grundprinzip des Rhythmus: Ein notwendiger Vorgang geschieht in einem bestimmten Zeitintervall. Er kehrt wieder – am gleichen Ort – auf die gleiche Weise – regelmäßig – verlässlich.

In der Wiederholung liegt die Kraft! Eines Tages sind ehemals kritische Situationen kein Thema mehr.

Den Alltag rhythmisieren

Rhythmus braucht den Zusammenklang mit schönen Ritualen (siehe hierzu auch das Kapitel «Rituale» ab Seite 51). Dann ist er nicht schematisch, wie beispielsweise ein Stundenplan in der Schule, sondern gewinnt Qualitäten, welche die kindliche Willensfreude und das Gemüt ansprechen. Was den Rhythmus auszeichnet, sind die Wiederholungen. So – und auf die gleiche Weise, wie das Kind einen Ablauf kennt – geschieht eine Sache morgen wieder und übermorgen und in den nächsten Wochen. Das gibt einem Kind Halt und Geborgenheit, die ihm schmerzlich fehlt, wenn wir – vermeintlich großzügig – sagen: «Das Kind soll selbst sagen, wann es essen will.» Kinder haben noch keinen Überblick über ihre wahren Bedürfnisse. Dazu titelte ein großes deutsches Magazin: «Los, erzieh mich!»[9]

Rhythmus erleichtert das Erziehen. Es gibt deutlich weniger Streit, Ärger und nervige Situationen. Es muss nicht alles und jedes ausgehandelt, diskutiert oder mit Schreien und Weinen durchgeboxt werden, denn die Kinder können sich darauf verlassen, dass das Vertraute wiederkehrt. Das gibt ihnen Sicherheit.

5. Rituale

ausprobiert, wie die Beziehung zu Ihrem Kind schon allein dadurch gewinnt, dass Sie einfach nur – ohne etwas zu sprechen – Ihre Hand auf die des Kindes legen und versuchen zu spüren, wie es ihm jetzt gerade geht?

Gebärden sind oft wichtiger als große Worte. Deswegen sollten Sie Ihr Kind auch nicht löchern, sondern für Momente ganz auf den anderen, auf das Kind konzentriert sein. Das ist Liebe. Und Liebe besteht nicht aus Worten.

Anklang fühlen

Resonanz wirkt heilsam, auch abends vor dem Schlafengehen. Haben wir unser Kind heute genügend wahrgenommen? Haben wir hingehört? Wissen wir eigentlich nach der ganzen Hektik, die an diesem Tag gelaufen ist, wie es unserem Kind geht?

Es ist wichtig, dass wir als Eltern ein Gespür dafür bekommen. Denn meistens haben ja auch die Kinder einen enorm anstrengenden Tag hinter sich – in einer großen Gruppe mit vielen anderen Kindern in Krippe, Kindergarten oder Schule. Viele haben tagsüber oft mehr auszustehen, als uns bewusst ist.

Qualitätszeit

Eine Qualitätszeit, die Eltern und Kind neu zueinander bringt, bietet der Abend. Zu einer bestimmten Zeit kann man einen schönen Stuhl bereitstellen, eventuell eine Kerze anzünden und das Gefühl vermitteln: *Jetzt bin ich ganz für dich da.* Wir können das Kind auf den Schoß nehmen, es gut in den Armen halten. Und selbst einfach still dasitzen, schweigen. Nur hören und spüren. Ihm ungeteilte Aufmerksamkeit schenken. Es genügen schon drei Minuten.

Der Vater tupft auf die fünf Fingerspitzen der kleinen Hand seines Sohnes. «Noch fünfmal schlafen», sagt er, «dann hast du Geburtstag.»
«Ui – ja. Gehen wir dann wieder zu der großen Wiese? Machen wir dann auch wieder so tolle Spiele?»

Kinder sind kleine Zeremonienmeister. Sie wollen, dass bestimmte Abläufe beim nächsten Mal genauso wiederkehren. Ohne Veränderung. Kinder sind in diesem Bestreben recht altmodisch. Sie wollen gar nicht ständig etwas Neues. Das Vertraute soll wiederkommen. Nicht nur an den Festtagen, wie Geburtstag, Weihnachten, Ostern und anderen Jahresfesten, sondern an allen Tagen. Kinder wollen Rituale.

«Machen wir es wieder?»

Bei genauem Hinhören zeigt sich, dass Kinder ein Gespür dafür haben, was ihnen guttut und was ihnen Sicherheit gibt. Es ist daher typisch, dass sie fragen: «Machen wir es wieder?» Es ist das Gemeinsame, wonach sie suchen. Der Erwachsene, der mit ihnen die Rituale wiederholt, gehört dazu.

Etwas wieder so zu tun wie schon einmal, das ist für Eltern heute eine hohe Anforderung – denn zu wiederholen, was man schon kennt, ist völlig konträr zur modernen Lebensart. Doch es lohnt sich, den Schalter umzulegen und das tiefe kindliche Bedürfnis nach Stabilität ernst zu nehmen. Wo das Sinnvolle jedes Mal auf die gleiche Weise wiederkehrt, handeln wir nicht mehr gegen die kindliche Natur, sondern mit ihr. Stimmige Rituale sind ein wichtiger Anker für das «Erziehen mit Gelassenheit». Das Familienleben entspannt sich zusehends.

Rituale erleichtern die Übergänge

Im ganz normalen Familienalltag gibt es von morgens bis abends viele Wechsel von einer Situation in die andere. Wechsel sind stets mit Unsicherheit verbunden. Da kann es schnell schwierig werden, etwa beim Übergang vom Spielen zum Aufräumen (siehe auch das Kapitel «Regeln» auf Seite 31ff.).

Hier helfen Rituale, heikle Situationen zu markieren, zu erleichtern und auch zu beseelen.

Herzblumen

Kleine und große Rituale sprechen immer auch das Gemüt an. Sie sind wie Herzblumen, die wir Erwachsenen aufrichten. Im Familienalltag gibt es viele Gelegenheiten dazu.

Lisa ist hingefallen. Sie weint herzzerreißend. Im nächsten Moment ist alles vorbei. Sie schnieft ein paar Mal tief durch die Nase, und schon huscht ein Lächeln über ihr Gesicht.

Was hat da so wundersam gewirkt? Es ist ein Heilsprüchlein, mit dem die Mutter sie getröstet hat:

Heile, heile, Segen,
drei Tage Regen,
drei Tage Sonnenschein,
wird schon wieder gut sein!

Die Eltern sind erst seit Kurzem auf diese «Leichtigkeit des Seins» gekommen. «Früher», so berichten sie, «da haben wir immer viel zu viel auf Lisa eingeredet: ‹Ja, wo tut's denn weh? Warum hast du nicht aufgepasst?› So in dem Stil. Der Effekt war, dass unsere Tochter dann erst richtig losgebrüllt hat, und es dauerte ewig, sie zu beruhigen.»

In der Tat ist dieses partnerschaftliche Ansprechen der Kinder hinderlich. Dauerndes Fragen nötigt Kinder in ihrem Schreck auch noch, irgendetwas Vernünftiges zu sagen. Dabei geht es oft einfach nur darum, gesehen und berührt und geherzt zu werden. Ein Kinderreim hilft mehr als alles Lamentieren, denn er spricht immer auch das Gemüt an.

Rituale mit Singsang und Klang

«So sie's nicht singen, glauben sie's nicht», sagte Martin Luther. Eine wunderbare Weisheit, die im Alltag mit Kindern sehr hilfreich ist. Ein Reim oder Singsang und Klang macht Übergänge handhabbar, die sonst oft mit Stress verbunden sind, etwa ein kleines Lied vor dem Aufräumen oder vor dem Händewaschen. Ist da nur etwas Melodie in unserer Stimme, hören Kinder auf einmal. Was sie oft nicht tun, wenn nur angeordnet wird: «Jetzt wasch endlich deine Hände. Wie oft soll ich es dir noch sagen?» Ein Reim bewegt mehr als tausend Worte. Zum Beispiel dieser:

Vor dem Essen –
Händewaschen nicht vergessen.

Damit erreichen wir die Herzen der Kinder. Und schon sind sie im Boot. Selbstverständlich tun wir das Verlangte als Vorbild auch selbst!

Morgenstund hat Gold im Mund

Das zeigt sich überall da, wo wir bewusst den Tag so beginnen, dass es ein guter Tag wird. Ein liebevolles Guten-Morgen-Ritual weckt positive Gefühle und bereitet eine gute Stimmung. Und das tut der Kinder- und der Erwachsenenseele gut.

Ein Ritual, das ausdrückt: «Ich freu mich, dich zu sehen», schenken wir beispielsweise mit liebevollen Berührungen, etwa einem Gutenmorgenbussi, mit Streicheln, Kuscheln, Rückenkraulen, Schmusen. Rituale sind immer individuell, deswegen sollten wir das wählen, was zu uns ganz persönlich passt.

«Ah, ja – ich bin gemeint»

Wichtig ist es, gleich zu Tagesbeginn beim eigenen Namen genannt zu werden. Jeder Mensch, nicht nur das Kind, wird immer ein bisschen mehr wach, wenn er seinen eigenen Namen hört und merkt: «Ah, ja – ich bin gemeint.» Dazu ein einfacher Reim mit einer selbst gefundenen Melodie ist beglückend für ein Kind:

Guten Morgen, lieber Peter,
Tra-la-la-la-la-la-la
Guten Morgen, lieber Peter,
Ein neuer Tag ist da.

Wo es authentisch ist, erquickt morgens auch ein Gebet (siehe hierzu auch das Kapitel «Religio» auf Seite 93ff.). Danach ist es gut, wenn das Kind noch ein bisschen Zuwendung genießen kann. Wenn man sich so «beeltert» fühlt, lässt es sich gut «mit dem richtigen Fuß» aufstehen. Ganz anders, als wenn es nur ganz nüchtern heißen würde: «Aufstehen, Bad ist frei!»

Begrüßung und Abschied

Begrüßung und Abschied gehören zu den zentralen Ritualen im Familienleben. Es geht darum, einander für einen Moment wirklich wahrzunehmen. Da gilt: *Beim Begrüßen schauen wir uns immer in die Augen.*

Warum genügt es nicht, einfach nur «Hallo» im Vorbeigehen zu sagen oder sich mit den Teenagern mit «coolem» Handschlag zu begrüßen? Gruß- und Abschiedsrituale bieten kurze Momente der Zweisamkeit: du und ich. Damit sind sie immer wieder Anker der Beziehungspflege. Es ist wichtig, sich Zeit zu nehmen – wenn auch nur ein paar Sekunden: «Ich schaue dich an. Ich sehe dich. Ich freue mich. Ich grüße dich.» Das sind kleine Kraftquellen, die jedem in der Familie guttun, die jeder regelmäßig braucht.

Und wie begrüßt die Mama den Papa, wenn er heimkommt – oder umgekehrt? Unser Verhalten ist für die Kinder Vorbild, daran bilden sie sich. Die Eltern sollten sich also nicht nur sagen: «Wir wolle alles Gute für unser Kind», sondern sie sollten auch als Paar liebevolle Willkommens- und Abschiedsrituale pflegen. Daran lernt das Kind sozial erwünschtes Verhalten.

Körperkontakt und Nestwärme

Zu vielen Ritualen in der Familie gehört liebevoller Körperkontakt: das Umarmen und ein Küsschen beim Begrüßen, beim Abschied und zu weiteren Gelegenheiten. Das ist wie ein Elixier. Davon brauchen Kinder mehr als dreimal täglich. Mit jedem Berührtwerden über die Haut, unserem größten Sinnesorgan, ist die ganze Persönlichkeit angesprochen. Diese kleinen Rituale sind es, die Halt geben und selbstsicher machen. Ein «Wir-Gefühl» bildet sich. Und das ist etwas Tragendes, das die eigene Identität der Familie bildet.

Rituale mit Körperkontakt können wir beim Aufwecken, beim Abschied in den Tag, vor dem Schlafengehen oder beim Trösten pflegen. Auch beim Überqueren der Straße. Hier brauchen wir wieder ein Gespür, wie wichtig es für ein Kind ist, in unüberschaubaren Situationen sicher an der großen Hand gehalten zu werden.

Ein Ritual mit Körperkontakt ist hilfreich, um alle für eine gemeinsame Mahlzeit friedlich einzustimmen. Dazu gehört, einander vor dem Beginn des Essens die Hände zu reichen, sich in die Augen zu blicken und einen «guten Appetit» zu wünschen. Dann erst beginnt das Essen. Wenn die Kinder berührt werden, berührt es sie auch innerlich (siehe hierzu auch das Kapitel «Ruhe»).

Mit Wohlbehagen den Tag beenden

«Alles hat ein Ende, nur die Wurst hat zwei.» Der Tag ist zu Ende. Sobald die Kinder bettfertig sind – immer zur selben Zeit (siehe auch das Kapitel «Rhythmus» auf Seite 43ff.) –, schenken wir ihnen ein schönes Gutenachtritual. Wichtig ist der immer gleiche Ablauf: erzählen, vorlesen und, wo es passt, ein Abendgebet. Eben das, was individuell stimmig ist. Zu guter Letzt, zum Ausklang in die Nacht, vollziehen wir immer das gleiche Abschiedsritual. Von Mensch zu Mensch. Kein Gerät, keine Spieldose, keine CD oder Gutenacht-Figur, die auf Knopfdruck etwas ableiert, kann ersetzen, was Mama und Papa schenken können. Miteinander singen wir ein Gutenachtlied – auch ohne Anspruch auf Perfektion. Hierbei ist es egal, ob es genau nach Noten gesungen wird. Selbst zu singen ist das Entscheidende – so gut, wie es eben geht.

Das folgende Lied lieben Kinder ganz besonders und stimmen auch gerne mit ein:

Weißt du, wie viel Sternlein stehen
an dem blauen Himmelszelt?
Weißt du, wie viel Wolken gehen
weithin über alle Welt?
Gott der Herr hat sie gezählet,
dass ihm auch nicht eines fehlet
an der ganzen großen Zahl,
an der ganzen großen Zahl.

Ein wunderbar zuversichtliches und beruhigendes Lied (die zweite und dritte Strophe können natürlich auch noch gern gesungen werden). Und danach kommt das Gutenachtküsschen: «Nun schlaf gut und träum was Schönes.»

6. Resonanz

«Diese Säuglinge hier sollen nur mit dem Nötigsten versorgt werden. Füttern, pflegen, kleiden. Keiner darf sie ansprechen, anlächeln oder herzen.» So hatte es laut Eberhard Horst der machtvolle Stauferkaiser Friedrich II. angeordnet, um die Ursprache des Menschen herauszufinden. Und so geschah es. Neugeborene wurden in einen Raum gebracht. Die Ammen hielten sich genau an die Anweisungen. Nach wenigen Wochen fand das Experiment ein dramatisches Ende: Die Säuglinge, so schildert es Eberhard Horst in seinem Buch «Friedrich der Staufer» weiter, «vermochten nicht zu leben, ohne das Händepatschen und das fröhliche Gesichterschneiden und die Koseworte ihrer Ammen.»

Das Elementare fehlte, das, worauf jeder Mensch angewiesen ist, um sich mit der Welt zu verbinden: Resonanz, diese lebenspendende Kraft. Denn erst durch das Du kann das Ich erwachen.

Erstes Lächeln

Wie viel kommt uns von den Kindern entgegen! Mit etwa vier bis sechs Wochen lächelt ein Kind zum ersten Mal. Das geschieht zunächst unbewusst. Es ist das sogenannte «Engelslächeln». Erst durch die Resonanz der Eltern kommen die Lächeldialoge in Gang: Ermuntert durch die Freude, die sich im Gesicht des Erwachsenen spiegelt, lächelt das Kind wieder.

Lächeln und angelächelt werden, geben und nehmen – so entsteht ein Wechselspiel der Resonanz. Diese brauchen auch unsere Kinder. Sie brauchen liebevolle Zwiesprache, Gebärden, Berührungen und vor allem Augenkontakt.

Gesehen zu werden ist *das* große Bedürfnis der Kinder. In einem Gedicht von Hilde Domin heißt es: [10]

Es gibt dich,
weil Augen dich wollen,
dich ansehen und sagen,
dass es dich gibt.

Diese innige Zuwendung ist für das Kind lebensnotwendig. Der Neurologe und Psychotherapeut Eckkard Schiffer weist darauf hin: «Das wahrnehmende Lächeln der Eltern schützt vor negativen Stress-Einwirkungen, denen das Kind im Laufe seiner weiteren Entwicklung ausgesetzt ist ... Es reagiert weniger angstvoll oder aggressiv, wenn es nur häufig genug diesen wahrnehmenden Lächeldialog erlebt hat.» [11]

Geht es dem Kind gut?

Ob es einem Kind gut geht, das lässt sich an seinen Augen ablesen. Kinderaugen leuchten, wenn wir ihnen Resonanz schenken. Kinder holen sich dieses kleine Glück gerne und ganz unkompliziert mit einfachen Begegnungsspielen. Die Kleinen bedecken einfach ihre Augen. «Guck-guck – wo bin ich?» Die Größeren verstecken sich unterm Tisch, hinter dem Vorhang oder sonst wo. Erst die kurze Anspannung und dann strahlende Kinderaugen beim Entdecktwerden. «Daaaa bin ich!» Herrlich, dieses Gefühl: «Ich werde gesucht. Ich bin wichtig. Die Mama, der Papa freuen sich, mich zu sehen.»

Kleine Resonanzspiele

Geht es dem Kind gut, geht es den Eltern gut. Und umgekehrt. Wenn es wieder mal anstrengend mit den Kindern ist, dann hilft es, alles mal kurz stehen und liegen zu lassen und Spiele mit Augenkontakt zu spielen. Suchspiele, Kosespiele, Hand- und Fingerspiele. Da wirken schon zwei Minuten Wunder.

Kleine Resonanzspiele zwischendurch sind echte Kraftquellen. Sie enden immer mit einem herzhaften Lachen. Lachen befreit und steckt an. Die Freude darüber gibt uns wieder unsere eigene Kraft. «Die Seele», so sagt Augustinus, «ernährt sich von dem, was sie erfreut.»

Vorsicht – Resonanzverhinderer

Kinder brauchen jede Menge Resonanz – auch, um sprechen zu lernen. Sie brauchen reichlich Ansprache, denn das Sprechenlernen kommt nur vom Sprechen. Das klingt einleuchtend. Doch wie dringend es ist, dies wirklich im Bewusstsein zu haben und zu praktizieren, zeigt die dramatisch steigende Zahl von Kindern, die an Sprachentwicklungsstörungen leiden. Gegenwärtig suchen immer häufiger Eltern Beratung, weil ihr Kind mit sechzehn, siebzehn Monaten oder gar mit zwei Jahren noch nicht spricht, sondern nur Laute von sich gibt.

Viel ist schon geholfen, wenn wir bewusster mit sogenannten «Resonanzverhinderern» umgehen, wie sie heute in Mode sind. Dazu gehören Kinderwagen, die so ausgerichtet sind, dass Erwachsener und Kind sich nicht anschauen können. Dazu gehören auch allzeit bereite Schnuller und Schnullerflaschen oder ständige Nahrungsangebote unterwegs.

Kinder sind ja erst kurz auf der Welt. Und sie lernen alles, was sie lernen, durch Gewöhnung: Sie können daran gewöhnt werden, immer etwas im Mund zu haben. Sie lernen dadurch, ihren natürlichen Impuls – zu sprechen – zu unterdrücken. Sie halten das dann für normal.

Durch Resonanzverhinderer werden kostbare Gelegenheiten zur Zwiesprache verschenkt. Das Sprechenlernen entwickelt sich auf die natürlichste und beste Weise, wenn wir das Kind von Geburt an als vollwertigen Gesprächspartner begreifen – und uns in Wachzeiten, die wir gemeinsam unterwegs sind, so viel wie möglich mit ihm unterhalten.

Mut zur Resonanz

Gerade ist der Vater mit seinem kleinen Sohn an der Bushaltestelle angekommen. Er dreht den Kinderwagen zu sich herum und unterhält sich mit dem Kleinen. Jetzt macht er mit seinem Gesicht dicke runde Pustebacken. Luft raus! Und das Gleiche noch einmal. Der etwa Einjährige strahlt. Sein ganzer Körper drückt Freude aus bis in die Fingerspitzen – ja, bis in die Fußspitzen.

«Ich genieße das jeden Morgen», sagt der Vater. Gleich wird er sein Kind bei der Tagesmutter abgeben. «Den Weg dorthin lasse ich mir nicht nehmen, dann können wir immer noch ein bisschen plaudern. Ich liebe das», sagt er, «und es bestärkt mich in meinem Vater-Sein.»

Dieser Vater hat Mut zur Resonanz – und Freude daran.

Was ist, wenn das Kind weint?

Da wird oft reflexartig zum Schnuller gegriffen. «Was denn sonst?», heißt es dann. «Ich kann doch mein Kind nicht einfach schreien lassen.» Das stimmt. Und doch ist wichtig, dass Kinder «ihren Zorn und Schmerz» artikulieren dürfen, «ohne Gefahr zu laufen, die Liebe und Zuwendung der Eltern zu verlieren». Darauf weist die Kindheitsforscherin Alice Miller nachdrücklich hin.[12]

Auch wenn ein Kind außer sich ist, hilft Resonanz.

Eine Familie im ICE. Ihr Säugling schreit. Die Mutter neigt sich herüber und blickt ihr Baby wohlwollend an. Sie legt ihre Hand auf sein Bäuchlein und lässt sie dort ruhen. «Ja, mein lieber Leon, jetzt musst du so weinen. Erzähl mal, was dich so bedrückt. Ich hör dir zu. Hm – ich verstehe gerade gar nicht, was du brauchst. Aber ich bin da …»

Die Mutter lässt ihre Hand weiter liegen und bleibt dem Kind zugewandt.

Es ist einfach nur zauberhaft, dies zu erleben. Das Kind schnappt noch ein paar Mal nach Luft und atmet in kleinen Stößen aus. Keine zwei Minuten, und seine Not ist gelindert.

Mitteilen – mitheilen

Was ist an dieser Interaktion so wertvoll? Es ist die Einladung zum Mitteilen. «Mitteilen» – bei diesem Wort klingt auch das Wort «mit-heilen» an. Die Heilung geschieht schon, indem die Energie des Kindes nicht einfach abgewürgt wird. Kein Schnuller, keine Flasche oder sonstige «Ruhigsteller», sondern Resonanz. Die Mutter wendet sich dem Kind vollkommen aufmerksam zu. Sie hält Augenkontakt, spricht mit kosenden Worten seinen Namen, berührt sanft und anhaltend sein Bäuchlein. «Ja», sagt sie, «ich höre dir zu, mein Liebes. Erzähl mir, auch wenn ich es jetzt gar nicht verstehe. Ich bin da.» Das wirkt. Erstaunlich rasch sogar.

Wirksam sind dabei, gemäß der neueren Forschung, die Spiegelneuronen.[13] Bereits kleine Kinder reagieren auf das, was das Gegenüber tatsächlich denkt und fühlt.

Und bei größeren Kindern?

Jedes Kind ist auf der Suche nach Anerkennung, Wertschätzung und Zugehörigkeit, nach Kontakt und Resonanz. Und die wünscht es sich an erster Stelle von den Eltern.

Resonanz braucht jedes Kind in jedem Alter. Unbedingt auch, wenn es Kummer gibt, zum Beispiel mit Kameraden, in der Schule oder weil die beste Freundin wegzieht. Haben Sie es schon einmal

Gelingt es uns, in dieser kurzen Zeitspanne wirklich einmal die Ohren zu öffnen und das Herz, wird es jeden Abend wie ein kleines Wunder sein, was nun geschieht: Das Kind kommt zu sich. Sein Atem wird deutlich ruhiger, die Anspannung weicht aus den Gliedern. Es spürt: Da ist jemand, der Zeit für mich hat, der auch hören will, was ich sage. Und meistens beginnt es dann zu erzählen. Oft auch etwas, was es bedrückt.

Ein solch spürbares Zeichen der Resonanz stillt die tiefe kindliche Sehnsucht: «Ich bin einfach angenommen – so wie ich bin!»

7. Rückhalt

Ein König und eine Königin hatten alles, was man sich nur wünschen konnte – nur keine Kinder. «Endlich», so heißt es in einem Märchen der Brüder Grimm, «erfüllte Gott ihre Wünsche: Als das Kind aber zur Welt kam, sah's nicht aus wie ein Menschenkind, sondern wie ein junges Eselein ...»

Der Vater aber hält zu dem Kind: «Hat Gott ihn gegeben, so soll er auch mein Sohn und Erbe sein.»

So erlernt das Eselein (so heißt auch das Märchen) viele Fähigkeiten, auch das Leierspiel. Damit gelingt es ihm sogar, die Liebe der schönen Königstochter zu gewinnen und seine Eselsgestalt für immer abzulegen.

Alles ist möglich ...

... dem, der glaubt. So heißt es schon in der Bibel. Der König im Grimmschen Märchen hat seinem Sohn das Kostbarste geschenkt, was Eltern einem Kind entgegenbringen können. Er hat an ihn geglaubt. Bedingungslos: «Du musst nicht so sein, wie ich es mir vorstelle, aber ich werde alles tun, damit du deine besten Möglichkeiten entfalten kannst.» Mit solchem Rückhalt eröffnen sich Welten. Das Kind kann zeigen, was in ihm steckt.

Kinder wollen zeigen, was in ihnen steckt

Zeigen, was in ihnen steckt, das wollen alle Kinder. Und sie strengen sich auch gerne an. So schon die Jüngsten, wenn sie versuchen, stehen und gehen zu lernen. Bald darauf bekunden sie ganz vehement: «Alleine!» Die Kleinen wollen nun selbst mit dem Löffel essen, selbst ihre Strümpfe anziehen und vieles mehr.

Was Kinder jetzt brauchen, ist Rückhalt: «Du darfst den Anfang machen, und ich helfe dann noch ein bisschen dazu.» Wichtig ist, dem Kind die Bemühung zu ermöglichen. Keine Sorge, dass dann alles viel zu lang dauert! Freuen Sie sich lieber daran, dass Kinder zunehmend selbstständiger werden.

Wie oft erkundigen sich Eltern: «Wie kann ich mein Kind fördern?» In der Flut unzähliger Programme und Kurse, die angeboten werden, dürfen wir nicht übersehen, die Alltagskompetenz der Kinder zu stärken! Und dafür sind maßgeblich wir als Eltern zuständig.

Zutrauen wirkt Wunder

Manchmal suchen Kinder den bequemen Weg.

Ein Siebenjähriger soll als Hausaufgabe einen Baum malen. «Ich kann keinen Baum, malst du mir einen?» – «Mal ihn doch so, wie du es meinst!» – Der Bub beharrt: «Kann ich aber nicht!» – «Probier es einfach.»

Und dabei sollten wir bleiben. Wenn man dem Kind etwas zutraut, anstatt gleich zu Hilfe zu eilen, werden auch Zaghafte ermutigt.

Ein paar Minuten später ertönt ein fröhliches «Schau mal!» – Jetzt hat das Kind den Baum eben doch gekonnt.

Was gewinnt es daraus? Das Gefühl: Ich kann mir selbst helfen. Das stärkt sein Selbstwertgefühl.

«Aber wenn mein Kind nervt?»

«Allein so ein Nachmittag wie heute!», klagt eine Mutter. «Dreimal hintereinander musste ich verschütteten Apfelsaft vom Küchenboden wischen. Da bin ich schon wieder bedient.»

Was passiert denn, wenn wir Erwachsenen ein Missgeschick unserer Kinder sofort selbst bereinigen? Es geht schneller. Und was lernt das Kind? Es lernt: «Es ist doch egal, was ich tue. Es geht mich nichts an.»

Was wäre jedoch unbedingt notwendig, damit es auch lebenstüchtig werden kann? Notwendig ist, dass Kinder lernen, eine Sache wieder in Ordnung zu bringen. Das muss eingeübt werden. Von klein auf. Der Rückhalt, den Kinder dazu brauchen, heißt: anleiten.

«Komm, wir machen es zusammen»

Was also tun, wenn das Kind etwas verschüttet? Am besten Schritt für Schritt vorgehen: mit dem Kind den Eimer holen, Wasser einfüllen, Putzmittel dazu, den Lappen holen. Das Kind bekommt auch einen. Lappen eintauchen. Zeigen, wie man ihn richtig gut auswringt und damit aufwischt. Die Bemühung des Kindes auch bemerken. Wichtig ist, die Aktion gemeinsam zu Ende zu führen. Zum Schluss sagen wir vielleicht: «Und nächstes Mal passt du ein bisschen besser auf, Lotta.»

Sehen Sie es auch, wie Lotta auf einmal innerlich wächst, wie sie zufrieden dreinblickt? Sie hat gerade erfahren: «Ich kann selbst etwas wiedergutmachen.»

Und jetzt freuen sich beide über das gute Ergebnis: «Schau, wie schön wieder alles ist!» So eine kleine Anerkennung tut richtig gut.

Ohne Angst

Kinder sind Kinder – manchmal begehen sie eine Untat auch absichtlich, wie beispielsweise Julius.

Der hat auf einem Verweis, den er von der Schule bekam, die Unterschrift seiner Mutter gefälscht. In der Elternsprechzeit kommt die Sache ans Licht. Die Eltern sprechen mit ihrem Sohn, warum und wieso sie dieses Handeln für falsch halten und was sie dabei fühlen: «Das, was du getan hast, ist nicht in Ordnung. Es macht uns traurig, weil es uns wichtig ist, dass wir ehrlich miteinander sind.» Der Vater: «Es geht jetzt nur um das Fälschen, Julius. Die Tat ist schlecht, nicht du. Dich haben wir trotzdem lieb.»

Der Rückhalt, den die Eltern hier geben: Sie verwechseln den «Streich» nicht gleich mit dem Kind selbst. Das ist wesentlich. Ist es doch oft ein hohes und wichtiges Ideal vieler Eltern: «Ich will, dass mein Kind Vertrauen hat.» Dazu gehört, dass es mit seinen Sorgen zu den Eltern kommen kann und keine Angst zu haben braucht.

Und wenn die Kinder ihre Aufgaben nicht erfüllen?

Die berühmte Sache mit dem Meerschweinchen, dem Hasen, dem Hamster: Erst hat sich ein Kind so sehr ein kleines Pelztier gewünscht. Endlich sind die Eltern bereit und sagen: «Aber nur, wenn du auch regelmäßig den Stall putzt.» – «Klar doch!», versichert das Kind. Die ersten zwei, drei Mal klappt das auch, dann lässt der Eifer nach. «Was rede ich immer an mein Kind hin!», klagen Eltern. «So oft gibt es Streit deswegen.» Was tun?

Es geht gänzlich ohne Schimpfen. Sobald es wieder an der Zeit ist, den Stall zu putzen, sollten die Eltern ihrem Kind Rückhalt geben und es einfach erinnern: «Kilian, der Stall.» Oft genügt schon so ein kurzer, freundlicher Hinweis.

Entsprechend, wenn die Schuhe mal wieder im Weg liegen oder die Hände nicht gewaschen sind. Erinnern wir die Kinder erst mal, bevor wir uns aufregen und gleich lospoltern.

«Aber mein Kind trödelt immer so»

Eine häufige Klage von Eltern: «Mit meinem Kind ist es so schwierig. Es kann sich nicht richtig konzentrieren bei seinen Hausaufgaben. Jeden Tag das Gleiche.» Wie können wir hier Rückhalt geben?

Erst einmal überlegen: Hatte das Kind nach der Schule eine

Pause, um wieder neue Kräfte zu tanken? Rückhalt geben heißt auch: Kindern eine Anleitung geben, wie sie sich selbst wieder erfrischen lernen. Je nach Temperament. Der eine braucht erst mal eine Mittagsrast (siehe hierzu auch das Kapitel «Ruhe» auf Seite 85ff.). Der andere kommt zu sich, wenn er zunächst ein Bild malt (siehe hierzu auch das Kapitel «Raum» auf Seite 77ff.). Für wieder einen anderen ist – nach dem vielen Stillsitzen in der Schule und im Bus – Bewegung das Beste, um zu sich zu kommen. Also: raus in den Hof oder in den Garten. Wenigstens eine Runde schaukeln.

Nach der Erfrischung ist «Hausaufgabenzeit». Diese Zeit braucht einen festen Rhythmus (siehe hierzu auch das Kapitel «Rhythmus» auf Seite 43ff.). Ganz wichtig hierbei: Die Hausaufgabenzeit ist auf jeden Fall vor dem Abendessen beendet. Auch Kinder brauchen ihren Feierabend.

Einfach da sein

Ines hatte heute eine schwere Prüfung. Die Eltern interessieren sich: «Na, wie war's denn?» – «Ach, lasst mich doch alle in Ruhe.» Sie verschwindet in ihr Zimmer.

Die Eltern würden gern helfen, aber wie? Am besten erst einmal beruhigen lassen. Rückhalt geben lässt sich später, wenn die Wut sich gelegt hat. Eine Regel ist auch ganz wichtig: Ist ein Kind in Schwierigkeiten, frage nicht «Was kann ich tun?», sondern denke dir etwas Passendes aus und tue es. Zwei, drei Stunden später ist zum Beispiel so etwas möglich: «Ich hab uns eine schöne Tasse heiße Schokolade gekocht. Ich würde mich gern ein bisschen zu dir setzen.»

Dann ist es gut, nicht gleich wieder etwas zu erwarten. Kein «Jetzt erzähl' doch endlich». Kein Beschwichtigen: «Wird schon nicht so schlimm sein!» Um was es geht: Jetzt wirklich da sein. «Ich bin da, wenn du was erzählen willst – und wenn du nichts erzählst, ist es auch in Ordnung.»

Erzählt das Kind etwas, dann ist das Wichtigste: zuhören. Mit dem Zuhören ist das Problem noch nicht gelöst – doch das Herz ist erleichtert, und das Kind spürt: «Es gibt einen sicheren Hafen, da kann ich sein – egal, wie's mir geht.» Und das gibt Rückhalt.

Eine unterstützende Frage anschließend kann dem Kind auf die Sprünge helfen: «Was, meinst du, könnte dir helfen, dass es das nächste Mal besser geht?»

Solchen Rückhalt brauchen auch unsere Jugendlichen. Und wenn sie noch so cool wirken und den Eltern oft signalisieren: «Ihr könnt mich mal.» Tief in ihrem Herzen haben sie – gerade in schwierigen Situationen – gerne noch den Rückhalt der Eltern. Denn dann spüren sie: «Meine Eltern kümmern sich um mich. Ich bin ihnen nicht egal. Sie legen immer noch Wert auf meine Anwesenheit.»

8. Raum

Mitten in der Stadt. Ein Vater schiebt sein etwa vierjähriges Kind im Kinderwagen durch die Fußgängerzone. Die Mutter hinterher, in einer Hand eine belegte Semmel, in der anderen eine bunte Trinkflasche mit Nuckel obendrauf. «Wartet doch mal!», ruft sie. Jetzt hält sie ihrem Kind Semmel und Flasche entgegen. «Magst du was?»
Ein Bild wie dieses ist in der Großstadt an der Tagesordnung.

Ob Erwachsene aus Bequemlichkeit so handeln, um das Kind ruhig zu halten, oder ob es «gut gemeint» ist, ihm auf Schritt und Tritt etwas zum Verzehren anzubieten, ihm nichts abzuverlangen, es zu schieben oder zu tragen, auch wenn es längst laufen könnte: der Preis ist hoch. Viel zu hoch. Wo Kinder nicht gefordert sind, fehlt ihnen der Raum, sich gesund zu entwickeln.

Dramatisch belegen das aktuelle Schuleingangsuntersuchungen. Ärzte diagnostizieren heute bei jedem dritten bis vierten Kind massive Entwicklungsstörungen wie mangelhaft entwickelte Bewegungskoordination, Aufmerksamkeitsdefizite und Sprachentwicklungsstörungen.

Interesse

Was tun, um derartige Fehlentwicklungen zu verhindern? Diese Weisheit bringt es auf den Punkt: «Kinder sind kein Fass, das gefüllt, sondern ein Feuer, das entflammt werden will.» Das Feuer ist da. Es ist diese wunderbare Kraft, die jedes Kind mit auf die Welt bringt. Und die heißt: Interesse. Jedes Kind ist – seiner Natur nach – lernbegierig. Es will gerne tätig sein. Es will sich bewegen. Es will entdecken und experimentieren.

Damit das Interesse nicht abhanden kommt, brauchen Kinder Raum zur Eigenaktivität. Sie brauchen Raum, um eigene Erfahrungen zu machen. Wir Erwachsenen sind dafür Vorbilder. Alles, was wir im Beisein der Kinder tun oder unterlassen, ist für sie richtungsweisend. Unabhängig davon, ob etwas Sinn und Zweck hat – sie ahmen uns einfach nach. Ein kleines Beispiel dazu:

Eine Mutter steigt mit ihrem Zweijährigen aus dem Auto, dabei fällt ihr Handy zu Boden. Der Kleine bückt sich. Die Mutter ist schon in freudiger Erwartung, es gleich wiederzubekommen. Doch als der Bub es aus dem Rinnstein gefischt hat, wirft er es lustvoll auf die Straße. So hat er es gerade eben bei seiner Mutter gesehen. So will er es auch machen. Der Verstand träumt noch, allein die erlebte Handlung weckt Interesse und wird nachgeahmt.

Nachahmen

Indem sie nachahmen, lernen Kinder stehen und gehen. Wenn es gut geht, erwerben sie auf diese Weise Geschicklichkeiten – in jeder Richtung. Raum, der Kinder motiviert, eigenes Können zu erobern, geben wir ihnen, indem wir sie eben nicht wegschicken, weil's dann schneller geht, sondern sie bewusst neben und mit uns tätig sein lassen (siehe hierzu auch das Kapitel «Rollenklarheit» auf Seite 9ff.).

Kochen, backen, diverse Haus-, Garten- oder Reparaturarbeiten regen zum Nachahmen an.

Sarah ist sieben Jahre alt. Sie erlebt die Mutter beim Nähen. «Ich will auch!», ruft sie. Sie will «etwas Richtiges» nähen. Den abgerissenen Knopf an Papas Schlafanzug annähen – ja, das will sie. Sie fädelt und stichelt, die Mutter zeigt, wie zum Schluss noch vernäht wird. Den ganzen Nachmittag fragt Sarah immer wieder: «Wann kommt der Papa?» Und wie es aus ihren Augen herausleuchtet, als er ihre Überraschung bemerkt! Ein Leuchten, das von innen kommt.

So ein Leuchten von innen können wir öfter haben. Es blitzt immer auf, wenn Kinder mit Interesse bei einer Sache sind und selbst etwas tun dürfen.

Raum für eigene Erfahrungen

«Gib mir keine Fische, sondern lieber eine Angel.» Diese alte Weisheit benennt, was Kinder essenziell brauchen: Raum zum Selbsttun, Raum, selbst etwas zu entdecken und sich anzueignen. Diesen Raum können wir im ganz normalen Alltag ermöglichen.

Kleine Kinder haben anfangs noch einen ganz vitalen «Mitwirkungswillen». Wo sie noch nicht durch ständiges «Betüddeln» verbildet sind, sind Pflichten noch höchst interessant. Warum? Weil der Erwachsene sie ausführt. Weil Kinder in seiner Nähe sein und es ihm gleichtun wollen. Daher ist es so wichtig, Kinder nicht zurückzuweisen. Jedes «Ach, lass nur, ich mach es schnell selbst» nimmt Kindern Stück für Stück die Lust, selbst aktiv zu werden und Fähigkeiten zu erwerben. Kein Wunder, wenn sie irgendwann zu nichts mehr «Bock» haben, so wie dieser Elfjährige:

Die Mutter hat ihm aufgetragen, mit dem Gartenschlauch die Blumenbeete zu gießen. Er tut es schließlich mit mürrischem Gesicht. Darauf die Mutter: «Wenn du nicht magst, dann lass es halt.»

Warum ist diese Reaktion so fatal? Kinder werden nicht lebenstüchtig, wenn wir ihnen jede Hürde abnehmen und sie nur das tun lassen, wozu sie «Lust» haben. Sie zeigen dann oft Verhaltensweisen, die Erwachsene als «schwierig» bezeichnen.

Schwierig?

Eine Faxnotiz flattert ins Büro. Ein kopierter Zeitungsartikel an den Freund, darunter die handschriftliche Notiz: «Lies diesen Artikel, da steht es, warum unser Jannis immer so schwierig ist. Sicher hat er auch so ein ADS.» – Die Antwort «fax-wendend» zurück: «... wann warst du das letzte Mal mit deinem Sohn im Wald?

Wann hast du das letzte Mal mit ihm eine Ganztagswanderung gemacht, sodass er abends richtig müde war und nur noch ins Bett wollte? Wann habt ihr euch mal zu einem Abenteuer aufgemacht, Holz gesammelt, eine Feuerstelle gebaut oder einen Damm aufgestaut? Nichts für ungut, du weißt, dass ich es gut meine.»

Gut gemeint und auch lebenspraktisch.

«Der junge Mensch», schrieb Alexander Mitscherlich in seinem Buch *Die Unwirtlichkeit der Städte,*[14] «braucht Elementares: Wasser, Dreck, Gebüsche, Spielraum. Man kann ihn auch ohne alles aufwachsen lassen, mit Teppichen, Stofftieren oder auf asphaltierten Straßen und Höfen. Er überlebt es – doch man soll sich nicht wundern, wenn er später bestimmte soziale Grundleistungen nicht mehr erlernt.»

Kinder brauchen Raum zum Spielen. Denn, wie Friedrich Schiller schon sagte: «Der Mensch ist frei geschaffen, ist frei» – voller Anlagen und Möglichkeiten. Kindgemäß ist es, frei und selbstbestimmt zu spielen. Nach eigenem Sinn, nach eigener Fantasie.

Raum, sich auszudrücken

Kinder brauchen Raum, um ihre eigenen Ausdrucksformen zu entfalten. Sie brauchen Raum für selbst initiiertes Spielen, für Bewegung, Musik, Malen, Zeichnen, Kneten und Formen. Warum ist dieser «freie Raum» so wichtig? Kinder haben Freude am Selbsttun und -können. Schöpferfreude. Sie schöpfen daraus Lebenskräfte und stärken ihr Selbstwertgefühl.

Fragen wir uns in unserer modernen, geschäftigen Zeit: «Wo hat unser Kind überhaupt Raum, um Eigenes zu schaffen?» Uns wird dann klar, dass die Alltagsplanung mit Kindern grundlegend anderes benötigt als das, was uns Erwachsenen bequem erscheint.

Dazu gehören auch feste Zeiten zum Spielen. Sorgen wir dafür, dass diese möglich sind. Jeden Tag. Kinder, die selbsttätig spielen, erwerben sich damit – ganz zweckfrei – wichtige Lebenskompetenzen, die bis ins Erwachsenenalter hineinreichen: «Ein Kind, welches lernt, sein Spiel zu organisieren, kann später seine Schularbeiten leichter bewältigen und wird ein geordneter Erwachsener», schreibt Anna Jean Ayres.[15]

Zudem sollten Kinder – jenseits von Malbüchern – wieder zum freien, selbst gestalteten Malen hingeführt werden, damit sie wieder ihre Lebendigkeit spüren. Einem Kind, das wie der fünfjährige Martin vorgefertigte Malblätter gewöhnt ist und sich nicht traut, ohne sie zu malen, können wir sagen: «Stell dir vor, du bist ein Regenbogen. Wie würdest du aussehen?» So ein kleiner Hinweis bringt die eigenen Gestaltungskräfte zum Fließen. Martin nimmt den Pinsel, Wasser und Farben und wagt es. Wie selig er dabei ist, das sehen wir an seinem Gesicht.

Raum, um wieder zu sich zu kommen

Kinder erleben heute sehr häufig Situationen, in denen zu viele und zu mächtige Eindrücke auf sie hereinprasseln. Das macht sie kurzatmig, gehetzt, gestresst und damit auch unausgeglichen.

Eine Hortgruppe in der Ferienbetreuung. Ein Ausflug in ein Multiplex-Kino ist geplant. «Nur ein Film über Fische, nichts Krasses», sagt eine Kollegin. Und doch sind diese haushohen Bilder, die da in rasch wechselnder Abfolge auf einen zurasen, atemberaubend – im wahrsten Sinne des Wortes.

Die Kinder sind hinterher außer Rand und Band. Mühsam ist jetzt der Fußweg zurück zur S-Bahn. Die erschöpften Erzieherinnen tauschen kurz Blicke aus. Eine hat einen Geistesblitz: «Einen Fisch», sagt sie, «hab ich mir ganz besonders gemerkt, den male ich, wenn wir zurück sind.» – «So ein blauer mit grün und mit so einem Bart am Maul?», erkundigt sich ein Kind. Es macht eine entsprechende Gebärde dazu. «Den fand ich so toll. Den male ich.» Auch die anderen Kinder fangen sich wieder. – Das Malen in der Kita bringt alle wieder vollends zu sich.

Was ist an dieser Begebenheit und auch in anderen Zusammenhängen wertvoll? Die Erzieherinnen haben einen Raum eröffnet, der die Kinder dazu geführt hat, die massiven Eindrücke sinnlich tätig auszudrücken und damit zu sich selbst zu finden. Wichtig ist hierbei auch: Die Erwachsenen haben dies nicht etwa verordnet, sondern sie waren selbst Vorbild.

9. Ruhe

Ein Kirchenkonzert. Vater, Mutter und ihr etwa vierjähriger Sohn kommen dazu. Ist das nicht wunderbar?
Eltern, die mit ihrem Kind einen besonderen Ort der
Ruhe aufsuchen? Doch dieses Kind weiß gar nichts
davon, dass es ein besonderer Ort ist, denn es gebärdet
sich, als ob es irgendwo unterwegs wäre. Wie von
einer inneren Sprungfeder angetrieben, wetzt es auf
der Bank hin und her, steht auf, läuft herum, rumort.
Und der Vater redet ununterbrochen auf das Kind ein.
Schließlich gibt er ihm sein Handy zum Spielen, dann
auch seine Geldbörse, die das Kind sogleich untersucht.
Kleingeld klimpert zu Boden ...

Was fehlt, ist Ruhe. Einfach einmal Ruhe geben. Innehalten, bei sich sein. Kinder erwarten von uns Erwachsenen Hilfen, die es ihnen ermöglichen, zur Ruhe zu kommen. So wie diese beiden Kinder, die kurz zuvor die Kirche betraten.

Noch am Eingang beugt sich ihr Vater zu ihnen und flüstert etwas. Die Kinder blicken ihn an, blicken hinauf in den hohen schönen Kirchenraum, blicken sich um. Leuchtende Augen. Staunen. Flüstern. Ruhe ist keine Frage, denn der Vater lebt sie vor.

Die eigene Stimme zurücknehmen, das ist ein Kunstgriff, den erfahrene Pädagogen mit Erfolg anwenden. Auch uns Eltern hilft er, wenn es darum geht, Kinder zur Ruhe zu bringen.

Kinder wünschen sich Ruhe

Ein Kind sagt zu einer Erzieherin, die gerade durch ihren bewährten «Zauberspruch» dafür gesorgt hat, dass der Lärmpegel sinkt: «Jetzt ist es wieder schön, weil, wenn's so laut ist, dann können wir gar nicht richtig spielen.» Ähnlich in einem Hort: «Wann dürfen wir wieder bei euch Mittag essen?», fragen Kinder aus der Nachbargruppe. – «Warum?» – «Bei uns ist es immer so laut.»

Und was ist hier so anders? Neben festen Ritualen gilt hier: Auch das Auge isst mit. Wenngleich Kinder dies eher unbewusst wahrnehmen, sie verhalten sich gepflegter, wenn der Essenstisch gepflegt gedeckt ist. Entsprechend wird er hier mit den Kindern jeden Tag extra schön vorbereitet. In der Mitte eine kleine Schale mit selbst gepflückten Blumen.

Zudem gilt: Nur einer redet. Und das klappt? Natürlich überkommt es Kinder immer wieder, dazwischenzureden. Was mäßigt sie? Der immer gleiche Hinweis: «Erst ausreden lassen, dann bist du dran!» Eine Erzieherin bekräftigt diese Regel dadurch, dass sie ihre Hand auf die des vorlauten Kindes legt. Berührt zu werden hilft den heute oft so unruhigen Kindern sehr. Sie spüren: Jetzt bin wirklich ich gemeint. Gleiches ist auch zu Hause hilfreich, wenn ein Kind am Esstisch unruhig ist. Halt geben. Den Arm des Kindes berühren: «Du bleibst jetzt sitzen.»

Berührung beruhigt

Berührung wirkt heilsam. Berührung lindert Stress. Berührung beruhigt.

Eine Mutter: «Früher, wenn mein Sohn von der Schule heimkam, war er immer gleich so wild. Seit ein paar Tagen wende ich diesen Tipp an: Bei der Begrüßung kraule ich ihn so ein wenig im Nacken und irgendwie tut ihm das gut. Dieser kurze Körperkontakt löst etwas aus. So, wie wenn beim Berühren des Schalters das Licht angeht.»

Zärtlicher Hautkontakt ist eine Form tätiger Liebe, die körperlich und auch seelisch Wärme überträgt. Auch abends. Wenn Kinder schwer zur Ruhe zu bringen sind, hilft diese kleine Wohltat: Ist das Abendprogramm beendet und das Kind im Bett, werden die Füße mit etwas Lavendelöl sanft massiert. Erst der eine, dann der andere. Wichtig ist dabei die ungeteilte Aufmerksamkeit des Erwachsenen, der diese paar Minuten wirklich selbst einmal schweigt.

Bewegung und Ruhe

Oft erwarten wir von Kindern zu viel Ruhe. So sollen sie sich beispielsweise ruhig verhalten, wenn wir uns im Café mit Freunden unterhalten wollen. «Still jetzt, sonst kommst du in den Hochstuhl», so eine Mutter zu ihrer immerhin schon Vierjährigen, die einfach nur ihrem natürlichen Bewegungstrieb folgt.

Völlig unkindgemäß ist auch, von Kindern Ruhe zu verlangen, wenn sie zu stundenlangen Einkäufen in die Fußgängerzonen oder in Kaufhäuser mitgenommen werden. Jedes Rebellieren und Unruhigwerden ist nur gesund und sollte uns aufmerksam machen: «Shoppen gehen» ist für Kinder eine Belastung, die sie enorm stresst, denn damit wird ihre natürliche Bewegungsfreude zurückgedrängt. Anhaltendes Stillsitzen-Müssen – noch dazu inmitten von Lärm und Überfülle und Werbebotschaften – beeinträchtigt die Lebenskräfte.

Verhängnisvoll ist auch das «Parken» vor dem Bildschirm. Künstliches Ruhigstellen schadet Kindern nicht nur in ihrer geistigen, seelischen und körperlichen Entwicklung. Es verursacht einen «Untätigkeitsstress».

Tatsache ist, dass Kinder, die sich tagsüber nicht austoben konnten, abends nur schwer zur Ruhe finden. Daher Einkäufe bewusst auf das Unvermeidliche reduzieren. Überdies wichtige Plaudertreffs mit anderen Eltern lieber ins Freie verlagern, wo die Kinder rennen, klettern, hüpfen, balancieren, schaukeln können. Und, wo nur möglich, in die Natur hinausgehen (siehe hierzu auch das Kapitel «Religio» auf Seite 93ff.). Außerdem so wenig technische Berieselungen wie möglich. Keinesfalls morgendliches Fernsehen, was heute Lehrer an den Rand ihrer Möglichkeiten bringt, da Kinder dann kaum noch lernfähig sind. Statt beim Frühstück Radio zu hören, sollte man lieber miteinander sprechen.

Mittagsrast

Wenn Kinder mittags nach Hause kommen, ist es gut, nach dem Essen eine Mittagsrast vorzusehen. Für größere Kinder ist sie wichtig, für kleine unerlässlich. Sie brauchen sie, um sich zu erholen. Raus aus der Betriebsamkeit – Pause für äußere Reize und künstliche Medien. Eine kleine Auszeit für alle.

Auch wenn der Vierjährige sagt: «Ich kann aber nicht schlafen!», ist trotzdem jetzt eine Pause dran, denn sie ist wichtig, um zu sich zu kommen.

Darum gilt: Jeder geht in sein Zimmer und macht etwas ganz Leises, das niemand hört: schlafen, malen, ein Bilderbuch anschauen, lesen – egal. Wichtig ist, dass jeder eine bestimmte Zeit in Ruhe für sich ist.

«Ich kann aber nicht schlafen»

Was aber tun, wenn das Kind sagt, dass es nicht schlafen kann? Sicherheit geben. Und die geben wir als Erwachsene, indem wir alles Partnerschaftliche bleiben lassen: kein Herumdiskutieren, keine Haltung: «Das Kind soll selbst entscheiden» – das kann es nämlich noch nicht (siehe hierzu auch das Kapitel «Rollenklarheit» auf Seite 9ff.).

Sinnvoll ist es dann, das Kind ins Kinderzimmer zu führen: Ein kleines Ritual zum Übergang wirkt Wunder.

«Jetzt spielen wir erst Ohren spitzen», sagt die Mutter zu Johanna. – «Wie geht das?» – «Wir setzen uns einfach hin und sind ganz still. Psst. Und jetzt lauschen wir einmal, was wir noch hören können.» Die Augen schließen, dann geht es besser mit dem Lauschen.

Spannend! Da werden plötzlich Dinge gehört, die sonst unbemerkt bleiben würden: Die Uhr tickt, im Bauch grummelt es, der Stuhl knarrt, ein Vogel zwitschert draußen. Zwei Minuten – und schon kommt jeder ein bisschen runter, kommt zu sich. Und dann: «Jetzt bleibst du einfach mal eine halbe Stunde ganz für dich.» – «Wie lang ist eine halbe Stunde?» Das verstehen kleine

Kinder am besten über Bilder. Ein Zeichen vereinbaren: «Bis der große Zeiger hierhin gewandert ist.»

Eine halbe Stunde mindestens sollte die Pause dauern – wenn möglich auch eine Stunde.

In Ruhe aufmerksam miteinander

Wir sollten uns jeden Tag eine Zeit freihalten, die wir aufmerksam mit den Kindern verbringen. Dazu gehört beispielsweise auch das Märchenerzählen. Eine wichtige Ruheinsel, die Kinder brauchen, sind die archaischen Geschichten der Grimmschen Märchen.

Wir brauchen in jeder Familie mindestens einmal in der Woche eine feste Zeit, die wir am besten gleich in den Kalender eintragen: *Märcheninsel.*

Dies ist eine wunderbare Möglichkeit, auch für Väter, in der Erziehung aktiv zu werden.

In Ruhe zuhören

Und wie erreichen wir, dass Kinder auch wirklich ganz in Ruhe zuhören? Der Weg geht über das Ohr: «Jetzt lausch' einmal.» Einen Ton auf einer Instrumentensaite anschlagen, auf einem Glöckchen oder auf einer Klangschale. «Wenn du gar nichts mehr hörst, dann schau mich an, das ist unser Zeichen, dass das Märchen beginnen kann.»

Ruheinsel

Eine weitere hilfreiche Ruheinsel, wenn ein kleines Kind mal sehr außer sich ist, ist das *Zauberwasser*. Das bereiten wir natürlich gemeinsam zu: Die Ärmel werden hochgekrempelt. Auf einen stabilen Hocker wird ein dickes Handtuch gelegt. Vorsicht! Und jetzt kommt darauf eine Schüssel, gut halb voll mit handwarmem Wasser. Ein, zwei Korken hinein, einen Marmeladendeckel dazu, einen kleinen Becher. Und jetzt lassen wir das Kind einfach für sich. Wasser hat eine derart magische Wirkung, es bringt Kinder im Nu zu sich selbst. Wichtig ist natürlich, dass man in der Nähe bleibt und selbst Ruhe gibt, zum Beispiel in Ruhe etwas liest. Das ist jetzt möglich.

10. Religio

Ein Vierjähriger hat ein Geschwisterchen bekommen. Er will gerne einmal allein zu dem Neugeborenen ins Zimmer gehen. Er bittet die Mutter darum. Sie erlaubt es. Doch vorsichtshalber schaltet sie das Babyphon an. Was sie nun mithört, berührt sie zutiefst: «Erzähl mir vom Himmel», sagt ihr Sohn. «Weißt du, ich bin schon so lange weg. Ich kann mich gar nicht mehr richtig erinnern.»[16]

«Wer hat die Welt gemacht?»

Kleine Kinder haben noch eine ganz selbstverständliche Verbindung zur geistigen Welt, aus der sie kommen. Völlig unbefangen geben sie uns mit ihren Fragen Impulse zur «Re-ligio», zur «Wieder-Verbindung» nach oben.

«Einmal», so die Mutter eines Vierjährigen, «hat mich der Kleine ganz schön ins Schwitzen gebracht. Da fragte er: ‹Wo war ich, bevor ich auf der Welt war?› Und ehe ich antworten konnte, sagte er: ‹Im Himmel. Und da hab ich euch schon gesehen.› Gleich hüpfte er davon, als wäre es das Selbstverständlichste von der Welt.»

Ebenso der fünfjährige Gabriel: «Wer hat den lieben Gott gemacht?» Kurz darauf: «Ich weiß schon, der liebe Gott war immer schon da, weil wenn den einer gemacht hätte, wär er ja nicht der liebe Gott.»

Magische Momente

Wer von uns Erwachsenen könnte so tiefgründige Fragen einfach in einem Satz beantworten? Kinder beschenken uns damit, wenn wir offen und ihnen zugewandt bleiben.

Gerade eben beim Spazieren fragt Marco aus heiterem Himmel: «Warum bin ich eigentlich ein Mensch?» Plötzlich bleibt er stehen. «Ja, das ist, dass man ‹ich› sagt, weil dann ist man das immer selber! Das kann sonst niemand zu einem sagen: Nur ich kann ‹ich› zu mir sagen.»

Kurze magische Momente, die uns die innerliche Größe der Kinder ahnen lassen.

Kinder sind Sinnsucher. Sie durchleben die Entwicklungsstufen der Menschheit unbewusst noch einmal nach. Deswegen ist es auch so wichtig, mit ihnen zu beten. Das abendliche Gebet,

das wir anfangs für die Kinder an der Wiege und später mit ihnen sprechen, ist Seelennahrung. Diese brauchen Kinder ebenso
wie das tägliche Brot. «Ich habe Glück gehabt», sagt der Musiker
Albert C. Humphrey, «meine Eltern haben gebetet».[17]

Für Kinder ist es eine tiefe Befriedigung, erleben zu dürfen,
dass es eine höhere Instanz gibt, an die man sich wenden kann
und an die sich auch die Eltern wenden.

Wahrhaftig sein

Kinder wollen beten. Doch dieses Bedürfnis dürfen wir nicht einfach technisch abhaken. Es ist eine falsche Botschaft, wenn der
spezielle Gutenacht-Bär im Bett auf Knopfdruck ein «Gebet» ab-
spult und gesagt wird, dass er das Kind beschützt. Auch wenn
Kinder es sich nicht anmerken lassen, so sind sie dadurch innerlich zutiefst gekränkt. Sie spüren genau: Seelennahrung gibt nur
das, was von Mensch zu Mensch kommt. Wenn das nicht geht,
sollte man es lieber lassen, denn es kommt darauf an, dass wir vor
den Kindern wahrhaftig sind. Mit einem neutralen, heimeligen
Abendspruch, beispielsweise dem Folgenden, sind wir es.

Es kommt die gute Mutter Nacht,
Die alles leis und dunkel macht.
Sie schließt die Blumenkelche zu
Und wiegt den wilden Wind zur Ruh.
Nun schlaf auch du.[18]

Was von Herzen kommt, geht zu Herzen. Kinder haben noch ein
intuitives Gefühl für die Kraft eines Gebets. Wo es morgens schon
seinen Platz hat, strahlen Kinder tatsächlich:

Sonne, Sonne, komm hervor,
aus dem großen Himmelstor,
strahle mich so lange an,
bis ich selber strahlen kann.

Ein Vierjähriger nach einem Besuch bei einer anderen Familie. Als
am heimischen Esstisch jeder wie gewohnt loslegen will zu essen,
ruft er: «Erst beten!» Das Tischgebet bei der anderen Familie hat
er als stimmig erlebt.

In der Tat erlösen wir unser Familienleben aus eingefahrener
Gedankenlosigkeit, wenn wir vor dem Beginn des Essens für ein
paar Augenblicke innehalten und Achtsamkeit pflegen.

Achtsamkeit

Kinder interessiert, wie der Erwachsene reagiert, wenn sie dies
oder das anstellen.

Ein Schulausflug in die Natur. Ein Kind reißt unentwegt die
Köpfchen von den Blumen am Wegrand ab. Die Lehrerin ge-
bietet Einhalt. Einer fragt: «Was ist daran so schlimm?» Die
Frage zeigt: Es lässt die Kinder innerlich kalt, wenn man sie
nur ermahnt.

Die Lehrerin setzt noch einmal neu an. Jetzt ganz präsent:
Sie bückt sich nach einem der Blütenköpfchen und betrachtet es
aufmerksam. Sie bewundert die Farben, die Gestalt, erzählt von
den Bienen, Hummeln und Schmetterlingen, die es jetzt gar nicht
mehr besuchen können. «Das macht mich ganz traurig», sagt sie,
«wenn so etwas Schönes einfach abgerissen und weggeworfen
wird.» – «Wir können die ja mitnehmen und zu Hause ins Wasser
tun», ruft eines der Kinder, die sich ringsum geschart haben, als
gäbe es gerade das siebte Weltwunder zu bestaunen.

Eines, noch eines und auf einmal sind es ganz viele Kinder, die sich bücken und die Blütenköpfchen aufsammeln.

Diese Begebenheit zeigt, was auch in anderen Situationen hilfreich ist, wenn ein Kind etwas oder jemanden verletzt: Achtsames Verhalten wird allein durch Vorleben erlernt. Sobald wir Erwachsenen versuchen, uns in ein anderes Geschöpf hineinzuversetzen, erwacht in den Kindern das, worauf es ankommt. «Jedes Leben ist heilig», so fasste es Albert Schweitzer trefflich zusammen.

Kindern dies beizubringen, das gehört zu den ganz großen Erziehungsaufgaben, denn wenn wir die Achtung vor der Schöpfung verlieren, verlieren wir auch die Achtung vor uns selbst.

Dem lieben Gott ins Fenster schauen

In einem Warenhaus. «Geh ruhig in die Spielecke», sagt die Mutter zu ihrem dreijährigen Kind. «Ich schau mich erst mal um.» Als sie es nach zwei, drei Minuten holen will, bemerkt sie erst den riesigen Flachbildschirm und sieht, wie ihr Kind wie gebannt davorhockt. Sie holt es weg.

Abends am Bett: «Mama, wie kriegt man die Bilder wieder aus dem Kopf?» – «Du meinst die Bilder, die du heute im Kaufhaus gesehen hast?» – Nicken.

Die Mutter sinnt eine Weile. Ihr Blick fällt auf einen Strauß Gänseblümchen, den die beiden vom letzten Spaziergang mitgebracht haben. «Jetzt weiß ich etwas, das immer hilft.» Erwartungsvolle Kinderaugen. «Am besten hilft, wenn wir dem lieben Gott ein wenig ins Fenster schauen.»

Im nächsten Moment werden diese kleinen zarten Blumen, an denen wir oft achtlos vorbeigehen, zu einem Wunder. «Schau mal, so etwas Schönes hat noch niemals je ein Mensch auf der Erde geschaffen und wird es auch nie können.» Staunen. «Wie

*kleine Sonnen sehen die Blüten aus – innen gelb und mit ganz
vielen Strahlen außen herum.» – «Gell, die Blumen freuen sich
jetzt, dass wir sie anschauen?» – «Bestimmt. Und probier' mal,
ob du noch weißt, wie eine Blüte aussieht, wenn du die Augen
zumachst?» Lucie drückt ganz fest die Augen zu. «Ja!», strahlt sie.*

Kinder lieben es, vom Guten zu erfahren

*«Gell, Papa, es gibt doch mehr gute Menschen als böse», sagt ein
Siebenjähriger ganz unvermittelt in einem Café.*

Was für eine großartige Frage, die so ein junger Mensch auf
dem Weg in die Welt da aufwirft. Die will genährt werden. Kinder müssen von dem Guten erfahren. Sie müssen von Menschen
erfahren, die Ideale haben und etwas dafür tun. Diese geben wir
ihnen beispielsweise durch Erzählungen von modernen Helden,
von denen es so viele gibt.[19] Auch ganz in der Nähe. Da gehört
beispielsweise das Nachbarmädchen dazu, das sich nach der
Schule freiwillig zu einem Auslandsaufenthalt aufgemacht hat,
um in einem Elendsviertel zu helfen, oder der Bekannte, der auf
der Pflegestation arbeitet.

Ist es nicht großartig, wie wir durch Kinder auf wesentliche
Themen aufmerksam werden? Auf einmal entdecken wir im
hinteren Teil einer Tageszeitung dann beispielsweise Berichte
von mutigen Zeitgenossen. Es ergeben sich herrliche Ge-
sprächsthemen, die den Horizont erweitern und eine positive
Stimmung wecken und Mut machen.

Groß und weit werden

Heute, da uns Äußerlichkeiten oft massiv in Beschlag nehmen, ist es wichtig, Kinder ganz bewusst an das heranzuführen, was innerlich aufrichtet. Und das finden wir in der Natur, in der Schöpfung, wenn wir uns mit den Kindern auf den Weg machen und mit ihnen Wunder entdecken und wieder staunen.

Ein unvergessliches Erlebnis – wenn auch eher im Urlaub möglich: Mal ganz früh mit einem Kind hinausgehen und den Sonnenaufgang erwarten. Im Wald das Ohr an einen Baumstamm lehnen und einmal nur hören, wie es klingt.

«Es vergeht kein Tag, an dem nicht etwas Besonderes erfreuen könnte … Man muss nur die Augen öffnen», schreibt der große Cellist Pablo Casals.[20]

Kunst als Nabelschnur

Möglichkeiten liegen in der Kunst. «Kunst», so der berühmte Dirigent Nikolaus Harnoncourt, «ist die Nabelschnur, die uns mit dem Göttlichen verbindet. Sie garantiert unser Mensch-Sein.»

Kleinigkeiten wirken.

Eine junge Mutter: «Ich habe zu Hause so eine schöne Kunstpostkarte von Raffael, ‹Madonna mit Kind›. Die habe ich mir einfach über dem Wickeltisch befestigt, sodass ich sie gegenüber habe, wenn ich mein Baby wickle. Wenn ich diese liebevolle Zuneigung auf dem Bild sehe, dann fühle ich mich in meinem Muttersein bestärkt. Das hilft mir.»

Ein Sprichwort sagt: «Denkst du an Engel, so bewegen sie ihre Flügel.»

11. Regeneration

Es war einmal ein König, der regierte mit Freude und Umsicht und kümmerte sich nach bestem Vermögen um sein Volk. Eines Abends, als er sich beim Würfelspiel vergnügte, war ein hoher Besucher bei ihm zu Gast: «Erlaube mir eine Frage. Du bist so hoch geschätzt als weiser Herrscher, und nun sehe ich, dass du dich dem Würfelspiel hingibst – gerade so wie das gemeine Volk.» – «Nun», sagte der König, «ich will dir ein Geheimnis verraten. Der Mensch ist wie ein Bogen: Wer gute Arbeit leisten will, muss angespannt sein – doch sein Ziel erreicht er nur, wenn er loslässt.»

Diese Weisheit gilt auch für uns Eltern. Vor lauter Aufgaben, Terminen und Sorgen um das Wohlergehen der Kinder kann es passieren, dass wir übersehen, uns um das eigene Wohl zu kümmern. Doch es gilt: wie innen, so außen. Wenn wir innerlich ausgelaugt und unzufrieden sind, überträgt sich das aufs Umfeld. Genauso umgekehrt: Je ausgeglichener die Eltern sind, umso gelöster sind auch die Kinder.

Wunschzettel

Gesetzt den Fall, es ließe sich freie Zeit gewinnen – wofür würden wir sie nutzen? Eine Kernfrage. Der kommen wir am besten auf die Spur, wenn wir der Frage nachspüren: Was würde ich gerne regelmäßig für mich tun? Und nun einmal zehn Minuten lang so viele Ideen wie möglich aufschreiben: endlich mal wieder ein gutes Buch lesen, eine Ausstellung besuchen, in einem Chor singen, musizieren, malen, töpfern. Mehr Bewegungsfreude integrieren, wie laufen, joggen, tanzen. Auch innerliche Kraftquellen berücksichtigen, wie Goethe es beispielsweise empfiehlt: «Jeden Tag mindestens ein gutes Gedicht lesen.»

Schon spüren wir, wie uns allein das Überlegen wunderbarer Möglichkeiten in gute Stimmung versetzt. Ein erster Schritt ist getan.

Damit dann der eine oder andere Herzenswunsch auch umgesetzt werden kann, gilt als Nächstes: Raus aus dem Anspruch, wir Eltern müssten ständig unser Kind umkreisen, so wie die Monde einen Planeten. Kinder quittieren ständiges Betüddelt-, Bespaßt-, Beäugt-, Bewahrt-, Bewachtwerden ohnehin nicht mit Dankbarkeit, sondern mit ungesunder Anspruchshaltung, die den Stresspegel nur noch weiter erhöht.

Für den Alltag gilt: Tue nichts für Kinder, was sie selbst tun könnten. Und dies von klein auf, denn da machen sie noch richtig gerne nach, was die Eltern können.

Wie eine Mutter von zwei Teenagern zu spät feststellte: «Das war der größte Fehler meines Lebens, dass ich die Kinder früher nie etwas mithelfen ließ. Und jetzt rede ich und rede ich. Für jeden Handgriff lassen sie sich hundertmal bitten.»

Delegieren

Wo ein Partner vorhanden ist, sollte man gemeinsam überlegen: Was könnte der andere wann übernehmen? – Wie viele Väter ziehen sich resigniert zurück, weil sie zu oft erlebt haben: «Ich mache ja doch nichts recht, dann lasse ich es lieber.»

Regenerieren ist für uns Mütter eng verknüpft mit einem Übungsweg – und der heißt: Loslassen und dem Partner bestimmte Aufgaben, etwa Frühstückmachen, überlassen. Täglich. Regelmäßig. Komplett! Ohne ihn ständig zu kontrollieren. Ebenso an den Wochenenden. Es sind geschenkte Stunden, wenn samstags nur Papa mit den Kindern auf dem Bauernmarkt einkauft, mit ihnen kocht oder zum Spielplatz geht.

«Freigeräumte» Zeiten kann man gleich in den Kalender eintragen und tatsächlich für etwas Eigenes vom «Wunschzettel» nutzen.

Partnerzeit pflegen

Werden Eltern befragt: «Was macht ihr denn für euch? Wann wart ihr das letzte Mal abends miteinander aus? Im Kino oder mal richtig feingemacht in einem schönen Restaurant oder im Konzert?», dann bleiben sie oft eine Antwort schuldig, oder sie sagen:

«Wenn, dann machen wir immer etwas mit den Kindern.» – Doch der Preis ist zu hoch, denn das geht früher oder später zu Lasten der Partnerschaft. Beide Eltern brauchen bewusst gestaltete Partnerzeit: Nur wir beide! Regelmäßig. Dazu gehört auch das Ausgehen – wenigstens alle zwei Wochen.

Tägliche Fürsorge für sich selbst

Die tägliche Fürsorge hilft uns, den Alltag gelassener zu meistern: Vor dem Start in den Tag kümmere ich mich regelmäßig wenigstens ein paar Minuten «nur um mich» – ein tägliches Ritual. Ich nehme mir Eigenzeit für ein Gebet, eine Meditation oder eine Wahrnehmungsübung. Regelmäßig – das erhöht die stärkende Wirkung.

Eine Mutter: «Wenn ich ein paar Minuten bewusst die Augen auf etwas Schönes richte, stärkt mich das. Für mich ist es eine schöne Blume, am liebsten eine Rose. Manchmal auch ein Baumblatt oder ein selbst gefundener Stein.»

Tatsache ist: Sobald die Augen zur Ruhe kommen, kommen wir auch innerlich ins Gleichgewicht.

Auch tagsüber gilt es, die Fürsorge für sich selbst zu pflegen. Zum Beispiel am Nachmittag eine Pause am Lieblingsplatz mit einer schönen Tasse Tee und abschweifenden Gedanken. Kinder lernen daran, wie es geht, einmal auch etwas für sich selbst zu tun.

«Das ist meine Zeit!», sagt die Mutter. «Wie lange noch?», fragt Anna-Lisa. «Bis ich den Tee ausgetrunken habe.» – «Wann hast du den Tee ausgetrunken?» – «Wenn nichts mehr in der Tasse drinnen ist.» – «Und dann kommst du wieder?» – «Ja, dann komm ich wieder.»

Auch der Übergang in die Nacht
will gepflegt werden

… damit wir entspannt und wohlig einschlafen können. Schlaf ist die natürlichste Möglichkeit zur Regeneration. Ein schönes Ritual, einen guten Schlaf «einzuladen», ist ein Lavendelfußbad kurz vor dem Zubettgehen, das wir uns abends gönnen: Eine große Schüssel, in der beide Füße bequem Platz haben, mit etwa 36 Grad warmem Wasser füllen, einen Spritzer Lavendelbademilch aus der Apotheke dazu, die Füße hinein, eine Decke über die Knie und nun zehn Minuten genießen: Der Atem beruhigt sich – die entspannende Wirkung tritt ein. Insbesondere, wenn wir auf Musik, Zeitung etc. verzichten.

Frische Kräfte gewinnen wir nicht durch Ablenkungen. Nur durch einen bewusst gesetzten Impuls gelingt es, wieder auf einen «grünen Zweig» zu kommen. Das gilt auch, wenn mal der Haussegen schief hängt.

Regenerieren,
bevor die Anspannung zu groß wird

Es kommt einfach vor, dass wir in einer Stresssituation etwas sagen, das uns später leid tut. Hinterher kommen die leidigen Schuldgefühle und guten Vorsätze: «Das soll nie wieder passieren.» – Damit es beim nächsten Mal auch wirklich gelingt, sich gerade noch selbst Einhalt zu gebieten, hilft – je nach Temperament – eine bewusst gesetzte Aktivität zu einem der vier Elemente: Erde, Wasser, Luft oder Licht.

Erde:

Sich «erden» und einmal das Treppenhaus rauf- und runtergehen. Oder: Mit kräftigen Armschwüngen zügig zehn bis zwanzig Minuten an der frischen Luft laufen.

Ausprobieren: Bewegung bringt den Körper ins Gleichgewicht und so auch das Gemüt.

Wasser:

Ein ganzes Glas Wasser in einem Zug austrinken – das sorgt erstaunlich rasch wieder für einen klaren Kopf. Genauso auch: Ärmel hoch und kaltes Wasser über den Puls laufen lassen.

Luft:

Tief und langsam ausatmen, wie gegen einen kleinen Widerstand – etwa als wäre ein Luftballon aufzublasen – und dabei bis vier zählen. Ein paar Mal wiederholen. Die Anspannung nimmt spürbar ab.

Licht:

Raus auf den Balkon oder ins Freie, das Gesicht zum Himmel heben und Licht in sich aufnehmen.

Indem wir Wohlwollen gegenüber uns selbst pflegen, stärken wir unsere Lebensfreude und unser Selbstgefühl. Wir lassen uns nicht mehr so leicht aus der Ruhe bringen, werden entspannter, unser Umfeld wird weniger unter unseren Launen zu leiden haben, wir kommen ins Gleichgewicht.

Novalis hat in einem Fragment formuliert:

«Stärke lässt sich durch Gleichgewicht ersetzen – und im Gleichgewicht sollte jeder Mensch sein, denn das ist der eigentliche Zustand seiner Freiheit.»

Treffender kann man es nicht zusammenfassen!

12. Reflexion

Eines Tages wenden sich Eltern ratsuchend an den Rabbi, weil sie große Erziehungsprobleme mit ihrem Kind haben. Sie bitten den weisen Rabbi um Auskunft, was sie unternehmen sollen, damit ihr Kind von seinen Schwierigkeiten befreit wird.

Der Rabbi blickt die Eltern nach kurzer Überlegung verwundert an und spricht: «Nicht euer Kind bedarf der Veränderung, sondern ihr selbst seid es, die sich zunächst wandeln müssen.»[21]

So haben es auch die Eltern von Moritz gemacht. Wieder so eine Situation:

Sie kommen an einem Eisstand vorbei. Moritz will ein Eis. Unbedingt will er es. Jetzt. Sofort. Der Vater bleibt stehen.

«Moment», sagt er, «ich muss erst mal nachdenken, ob du das jetzt haben darfst.» Moritz ist auf einmal ruhig. Auch als der Vater sagt: «Ich will dir jetzt kein Eis kaufen. Es ist viel zu kalt.»

Wieso quengelt Moritz nicht weiter? Ist er etwa besonders pflegeleicht? Ist er gar ein Musterknabe wie aus dem Bilderbuch? Beileibe nicht. Doch die Eltern haben Schluss gemacht, ständig nach der Pfeife des Kindes zu tanzen. «Wir konnten einfach nicht mehr», sagen sie.

«Warte, ich muss erst mal nachdenken»

Wenn wir uns das sagen, befreit es uns davon, allem Folge zu leisten, was Kinder oft so vehement von uns fordern. Unbedingt diese Schuhe sollen es sein, dieses T-Shirt, diese Socken, dieses Spielzeug. Unbedingt soll der Spielkamerad gleich nach dem Kindergarten eingeladen werden. Unbedingt will das Kind woanders übernachten.

Als Eltern können wir ein Lied von solchen Forderungen singen. Deswegen – bei der nächsten Forderung erst einmal durchatmen und kurz nachdenken: «Will ich das tun, was das Kind verlangt?» Passt es nicht, ist es besser, das geradeheraus zu sagen: «Jetzt nicht, weil …» Ohne weitere Diskussion.

Es gibt so viel Interessanteres mit Kindern zu besprechen als die Frage, ob sie nun etwas bekommen oder nicht.

Sprechen wir genug mit unseren Kindern?

Kinder brauchen Menschen, die sich gerne und mit Geduld mit ihnen unterhalten – ein Gebot der Stunde. Das zeigt die zunehmende Zahl der «late-talker» und der Kinder mit Sprachentwicklungsstörungen. Denken wir doch einmal darüber nach: Sprechen wir genug mit unseren Kindern? Ist es bei uns auch so, dass wir nur noch zehn Minuten am Tag mit unseren Kindern reden – wie im Durchschnitt üblich? Das ist eindeutig zu wenig. Die Fähigkeit zu sprechen kann sich nur entwickeln, wenn viel mit Kindern gesprochen wird.

Doch Eltern sagen oft: «Ich weiß gar nicht, worüber ich mit dem Kind reden soll!»

Über alles, was gerade geschieht. Bei kleinen Kindern beginnt das – wie Emmi Pikler[22] belegt –, indem wir bei der Pflege mit ihnen sprechen, über alles, was wir am Kind gerade tun. Mit älteren Kindern ist das Reflektieren verschiedener Zusammenhänge eine spannende Sache, die sie lieben.

Reflexion mit Kindern

Kinder leben heute in der Fülle und wissen oft nicht, wie alltägliche und gewohnte Dinge zusammenhängen.

«Was ist denn das Braune da?», fragt der Sechsjährige, der einem Onkel bei der Gartenarbeit zuschaut. Der Onkel sagt: «Komm mal mit.» In der Küche wäscht er «das Braune» sorgfältig ab, er nimmt ein Messer und schneidet ein etwa fingerlanges Stück heraus und reicht es dem Buben. «Weißt du's jetzt?» – «Ah, Pommes!», sagt der Bub. Und er erfährt jetzt zum ersten Mal, was eine Kartoffel ist.

Wir verhindern, dass Kinder als «Analphabeten» gegenüber

der Realität aufwachsen, indem wir sie von klein auf tatkräftig mitwirken lassen (siehe hierzu auch das Kapitel «Raum» auf Seite 75ff.). Bereichernd und zugleich wichtig ist es, im Familienalltag eine Fragekultur zu pflegen: Fragen zulassen. Fragen beantworten. Zu Fragen anstiften!

Eine Fragekultur pflegen

Fragen über das Naheliegende sind für uns alle interessant.

«Bei uns», so ein Vater, «entstehen die spannendsten Gespräche am Frühstückstisch. Besonders am Wochenende, wenn gemütlich Zeit ist. Da rätseln wir miteinander: ‹Was, wo, wie?› Was aus welchen Ländern ist da gerade bei uns aufgetischt? Die Bananen? Wo und wie wachsen sie? Die Orangen, die Feigen im Müsli? Wie kommen sie in unser Land, wie ins Geschäft? Welche Kräfte sind nötig, damit alles wachsen und gedeihen kann? Woher kommt das Brot? Aus welchem Getreide ist es? Wie wird es hergestellt? Welche Zutaten sind drin und welche Gewürze? Wo kommen sie her? So ist bei uns das Lexikon das meistgebrauchte Buch.»

Reflektieren über das, was sichtbar vor Augen ist, macht Kindern Freude. Sie bekommen einen Bezug zur Welt – und sie werden achtsamer. Auch das Essen schmeckt wieder.

Anerkennung

Eine Mutter: «Mein Aha-Erlebnis hatte ich neulich, als die Kinder – sie sind schon neun und zwölf – den Nachmittag allein zu Hause waren. Kaum zur Tür herein, fange ich an: ‹Schon wieder sind die Schuhe mitten im Weg! Und in der Küche – wie sieht's denn da aus?! Alles voller Krümel. Und das schmutzige Geschirr in der Spüle!› –

Auf einmal steht mein Sohn in der Tür und sagt: ‹Entspann dich mal! Dann merkst du vielleicht, dass du nur auf das schaust, was schiefgelaufen ist, anstatt auch mal zu sagen, was okay ist.› – Das hat mich ziemlich getroffen. Und das hat mich nachdenklich gemacht.»

Überlegen wir einmal: Ergeht es uns nicht oft ähnlich? Denken wir nur, wir sehen folgende Rechnungen: 12 + 3 = 15; 18 + 13 = 31; 9 + 14 = 25; 18 + 46 = 64. Was tun wir? Sofort wissen wir es besser: «Aber *ein* Ergebnis ist falsch!» Ebenso gut könnten wir sagen: «Drei sind richtig.»

Gleiches gilt in der Erziehung. Hier kommt es darauf an, den Kindern gleich zu spiegeln, was richtig ist. Unermüdlich. Wie sonst sollten sie es lernen? Kinder sehnen sich danach, gesehen zu werden. Wo sie im positiven Sinne zu wenig Aufmerksamkeit erfahren, stören sie eben. Dafür gibt es immer Zuwendung. Besser wäre es, wir ertappten unsere Kinder beim Richtigmachen – täglich. Sie brauchen das, um zu gedeihen.

Anerkennung ist ein wichtiges Element. Es kräftigt von innen heraus und ist daher jeder Belohnung, etwa mit Süßigkeiten, haushoch überlegen. Die Kinder tun uns zuliebe etwas, weil sie uns lieben. Im Gegensatz zu einer ausgesetzten Belohnung, die dazu dient, die Leistung eines Kindes zu «bezahlen.»

Bemühen kommt vor Können

Anerkennung muss in dem Moment zurückgespiegelt werden, wo das Positive auffällt: «Fein, dass du heute dein Brot schon selber streichst!»

Das Erfreuliche konkret benennen, statt einfach nur «toll!» zu sagen: «Bin ich froh, dass du pünktlich nach Hause gekommen bist!» Schulterklopfen: «Das finde ich wirklich schwer in Ordnung, dass du die Schokolade von Onkel Rudi mit deiner Schwester geteilt hast.» Oder anfangs auch Kleinigkeiten benennen, wenn etwas gelingt, das sonst immer mühsam war: «Prima, dass du heute die Schuhe gleich an den richtigen Platz geräumt hast.»

Mit jeder Anerkennung lernt ein Kind, dass es auf dem richtigen Weg ist. Es wächst dabei innerlich wieder ein Stückchen – und es ist motiviert, sich weiter zu bemühen.

Auf jeden Fall: die Bemühung zählt! Bemühen kommt vor Können. Wie beim Laufenlernen. Talent hat jeder, doch erst durch die Bemühung gelingt es. Ein anerkennender Blick, ein liebes Wort, ein Lächeln motiviert, eine Sache wieder und wieder zu probieren.

Was hat heute Freude gemacht?

Das Gute sehen – das ist ein Kraftquell, den wir als Eltern und Erzieher selbst zum Sprudeln bringen können. Ein hilfreiches Element dafür ist eine Rückschau auf den Tag. Praktisch machbar am besten kurz vor der Nachtruhe. Fragen wir uns nach drei positiven Begebenheiten des heutigen Tages:

- Welches Erlebnis mit dem Kind hat mich heute gefreut?
- Was ist gelungen?
- Wofür bin ich heute dankbar?

Die Erfahrung zeigt, dass jeder etwas entdeckt. Selbst bei Eltern, die ihr Kind als besonders «schwierig» bezeichnen, leuchten nach kurzem Innehalten die Augen auf, als ob die Saite eines Instruments anklingt: «Ja, jetzt weiß ich was!» Und damit sind wir wieder da, wo wir einst waren, als wir uns das Kind so sehr gewünscht hatten, als es noch neugeboren und im ersten Zauber war. Liebe, Wärme und Zuneigung fließen wieder.

«Wer sich freuen kann, soll nicht bis morgen warten», so ein Sprichwort. Und morgen ist wieder ein neuer Tag. Da gibt es wieder etwas.

Christiane Kutik im Gespräch

Doris Kleinau-Metzler | Frau Kutik, wie sind Sie Elternberaterin geworden?

Christiane Kutik | Von meiner ersten Ausbildung her bin ich Innenarchitektin und habe auch sehr gerne in diesem Bereich gearbeitet. Und dann kamen Ende 1970 meine beiden Kinder zur Welt – und damit hat sich alles verändert, was andere Eltern sicher auch kennen. Man denkt anders, sieht anders, überlegt anders: Welcher Arzt ist der beste für mein Kind, welche Lebensmittel sind gesund ...? Mich hat dann zudem fasziniert, wie Kinder sich alles selbst erobern, vom ersten Umdrehen übers Krabbeln bis zum Laufen und Sprechen. Und ihre Neugier, ihr unbändiges Interesse an der Welt ringsum. Durch meine Kinder habe ich wieder neu sehen gelernt: Jede Kleinigkeit am Wegrand wird zu etwas Besonderem, der Stein, das Schneckenhaus oder auch die Baustellen. Die Welt ist so spannend für kleine Kinder und wurde es auch wieder für mich, wenn ich mir Zeit nahm und genauer hinschaute. Ja, man braucht Zeit, um eine Beziehung zum Kind zu entwickeln – Bindung und Einfühlungsvermögen entstehen nicht automatisch durch die Geburt.

DKM | Wie sind Sie zum Elterncoaching gekommen? Den Begriff «Coaching» kennt man eher aus der Wirtschaft, wo sich Führungspersonen professionell betreuen lassen. Warum suchen Eltern heute Unterstützung für den Alltag mit ihren Kindern?

CK | Meine Erfahrung aus vielen Gesprächen ist, dass Eltern heute oft nicht wissen, was ein kleines Kind braucht – dass es zum

Beispiel einen klaren Ablauf benötigt, eine feste Tagesstruktur und bestimmte Rituale und Regeln. Woher sollen Eltern es denn auch wissen? Die Erfahrung aus Großfamilien fehlt, und sie haben manchmal so viele Informationen über Freunde, Ratgeber-Bücher und das Internet, dass sie überhaupt nicht mehr sehen können, was das Wesentliche ist: dass Eltern für ihre Kinder die maßgeblichen Persönlichkeiten sind, auf die es ankommt, die ihnen Halt geben müssen – und Freiraum. Aber es ist auch normal, dass es immer mal wieder Chaos gibt – obwohl Eltern meinen, es wäre nur bei ihnen so schlimm. Mich rufen zum Beispiel verzweifelte Eltern an, weil «es morgens nur mit Geschrei und Gewalt geht, bis wir endlich fertig sind und den Bus in letzter Minute schaffen». Manche Mütter können sich erst im Büro vom morgendlichen Stress befreien und durchatmen. Dabei haben ja auch die Kinder einen enorm anstrengenden Tag vor sich – in einer großen Gruppe mit vielen anderen Kindern in Krippe, Kindergarten oder Schule.

DKM | Wie sieht die Arbeit im Elterncoaching praktisch aus? Geben Sie Tipps, wie man es besser machen kann?

CK | Ich gebe keine Ratschläge, denn jede Regelung muss zu der jeweiligen Familie passen. Entscheidend ist, dass Eltern wahrhaftig sind und hinter dem stehen, was sie sagen. In Gesprächen ohne das Kind arbeiten wir konkret an einem akuten Problem. Meine erste Frage an die Eltern ist immer, etwas Besonderes an ihrem Kind, das sie heute erlebten, zu schildern, etwas, das sie für einen Moment wirklich erfreut hat. Und jeder findet etwas, immer! Damit haben wir die Grundlage für die Arbeit, denn oft ist bei Eltern vor lauter Alltagschaos die Freude am Kind abhanden gekommen. – Als Zweites bitte ich die Eltern, ganz konkret eine Situation zu beschreiben, die ihnen Probleme macht, beispielsweise der morgendliche Ablauf. Ich entwickle Fragen und leite damit die Eltern auf den Weg, der für sie richtig ist. Hierbei kommen dann Erkenntnisse wie zum Beispiel: «Ah, es ist viel zu lange morgens für das Kind zwischen Wecken und Weggehen!» Denn kleine Kinder brauchen eine klare Linie, wo immer eins aufs andere folgt. Wir erstellen dann gemeinsam einen Plan für morgens, der den Ablauf genau festhält: Wann wird geweckt, wann geht wer ins Bad, wann und wo ist verlässlich das Anziehen dran usw. Kleine Kinder kann man nicht nur ermahnen: «Nun zieh dich an!», sondern sie brauchen anfangs noch Begleitung bei ihrem Tun. Dazu gehört auch, dass ich als Erwachsener wirklich präsent bin. Wenn ich dem Kind eine Ermahnung zurufe und gleichzeitig noch schnell die Waschmaschine fülle oder nur mal kurz ein Telefongespräch erledigen will, funktioniert es nicht.

DKM | Oft haben sich Kinder an Trödeln oder Ähnliches gewöhnt, und Eltern fällt es schwer, auf einmal streng zu sein. Wie klappt nach Ihren Erfahrungen die Umstellung mithilfe eines Planes?

CK | Man kann gute Gewohnheiten neu anlegen. Konkrete Veränderung ist immer möglich, wenn man zunächst nur ein Problem angeht. Oft sind Eltern so genervt, weil es sich morgens eine Dreiviertelstunde hinzieht, bis das Kind angezogen ist. Man überlegt, wie ein Ablauf und auch die Zeiten sinnvoll sind. Es dauert dann, bis sich gute Gewohnheiten einspielen. Ein ganz zentraler Punkt, den Eltern wissen müssen, damit sie nicht nach drei Tagen wieder aufgeben: Es braucht zunächst einen Zeitrahmen von vier Wochen zum Einüben. Und dann am besten noch mal vier Wochen zur Festigung. Wichtig ist natürlich, dass man wirklich klar ist. Klarheit ist das Rückgrat in der Erziehung. Das hat nichts mit sturer Strenge zu tun, sondern damit, dem Kind Halt und Sicherheit zu geben.

DKM | Das Bild vom «Rückgrat» für die nötige Konsequenz erscheint mir sehr passend, denn auch ein Rückgrat ist nicht starr, sondern beweglich – ohne dabei seine Linie aufzugeben.

CK | Ja, es ist die Haltung, die wesentlich ist. Dazu gehört als Erstes, dass wir als Eltern unsere Rolle klar annehmen. Wir Eltern sind keine Partner oder Kumpel des Kindes: Wenn ich Kumpel bin – «willst du das oder jenes essen, spielen usw.» –, hat das Kind keinen Halt und keine Orientierung darüber, was gut und richtig ist. Wir überfordern es, wenn wir ihm ständig Entscheidungen zumuten, für die es noch nicht reif ist und die es letztlich in Stress bringen. Zur Rollenklarheit gehört auch, dass ich mir darüber klar werde, welche Werte für meine Familie wichtig sind – denn Kinder brauchen Werte, die haben sie nicht von allein.

DKM | Was verstehen Sie unter Werten? Manche Orientierung ergibt sich für die Eltern ja erst allmählich.

CK | Werte-Erziehung ist für mich etwas ganz Praktisches: Dazu gehört zum Beispiel, dass wir mit Messer und Gabel essen, gemeinsam beginnen, unser Essen nicht zerbröseln oder einen Keks nach dem anderen anbeißen. Dazu gehört aber auch, dass wir uns nicht beschimpfen oder kränken lassen, auch nicht von unseren kleinen Kindern; was bei einem Zweijährigen noch lustig scheint, ist bei einem Sechsjährigen ein Problem. Rollenklarheit und Respekt hängen eng zusammen. Respekt ist nicht angeboren, das lernen Kinder nur durch Anleitung und Weisung. Wenn das Krabbelkind dem Vater die Brille von der Nase schlägt, ist das nicht niedlich; man hält dann einfach die Hand sanft zurück und sagt: «Die Brille gehört auf Papas Nase!» Ein Nein muss ein echtes Nein sein. Der respektvolle Umgang setzt voraus, dass wir uns als Eltern auch selbst wertschätzen, statt uns nach dem Motto «Alles

Gute für das Kind» zu verausgaben. Kindern Orientierung zu geben heißt auch, dass wir Eltern uns selbst achten und Zeit und Raum für uns haben.

DKM | Aber Eltern haben auch viel Verständnis für das Verhalten ihres Kindes, weil es vielleicht gerade Zähne bekommt, in der Trotzphase ist oder Ärger mit dem Nachbarskind hatte …
CK | Eltern neigen heute dazu, viel zu reden und viel zu interpretieren. Ist es wirklich so, dass ich genau weiß, was in dem Kind vorgeht? So ist es zum Beispiel gerade in der Trotzphase besonders wichtig, dass wir eine klare Haltung beibehalten, damit das Kind erlebt: Auf die Eltern ist Verlass. Das brauchen die Kinder. Sie brauchen einen sicheren Hafen.

DKM | Dennoch: es gibt immer wieder Situationen, in denen man als Eltern den Alltag mit Kindern als stressig und fordernd empfindet.

CK | Durch unsere Art des Lebens machen wir die Kinder auch unruhig. Kleine Kinder müssen nicht überallhin mitgenommen werden, sie brauchen auch noch viel Schlaf. Und sie brauchen Raum zum Erkunden, zum Experimentieren, zum Bewegen an der frischen Luft und zum Spielen. Wenig, aber qualitativ gutes Spielzeug regt mehr zum Spielen an als eine Menge Spielsachen, bei denen sich das Kind wieder entscheiden muss. Zudem braucht jede Mutter, jeder Vater, egal ob berufstätig oder nicht, vor allem eine klare Tagesstruktur, damit das Kind weiß, woran es ist, und sich im Vertrauen darauf entwickeln kann. Es gehört ja zur Art von Kindern, immer im Hier und Jetzt zu sein, und wenn ihnen etwas in den Sinn kommt, wollen sie es sofort umsetzen. Kinder sind Meister des Augenblicks, das können wir von ihnen lernen. Zum Beispiel können wir in Stresssituationen aufgreifen, dass sie auch schnell bereit sind, in ein anderes Jetzt zu springen, wenn wir ihnen etwas Konkretes anbieten – ein paar Schritte zum Fenster: «Oh, was für ein winziger Hund da vorbeigeht!» Oder: «Warte, ich muss schnell das Teewasser ausschalten!» Solche Kleinigkeiten helfen überraschend aus so mancher nervigen Situation heraus. Entscheidend ist, dass wir mit Gelassenheit mit den Anforderungen umgehen.

DKM | Also nicht mit Argumenten auf das quengelnde Kind einreden, sondern eine andere Situation anbieten. Die Gelassenheit, von der Sie sprechen, fällt aber gerade in Stresssituationen schwer.

CK | Sicher ist Gelassenheit für uns alle ein Thema. Es ist ein Weg, für den man sich selbst entscheidet. In einer Stresssituation hilft immer, kurz innezuhalten, tief durchzuatmen und sich zu fragen: Will ich das, was das Kind gerade jetzt so vehement verlangt, überhaupt tun? Daraus folgt, dass ich mich selbst wahrnehme, wie ich in kritischen Situationen reagiere. Sicher, Eltern wollen alles richtig machen, aber es ist normal, wenn wir Fehler machen. Niemand braucht deshalb Schuldgefühle zu haben. Wir können die Situationen reflektieren, die für uns schwierig sind – und werden dann Schritt für Schritt weitergehen. Der Weg ist das Ziel. Auf jeden Fall ein spannender Weg. Und er lohnt sich, weil es weniger Stress im Alltag gibt und wieder mehr Freude einkehrt.

Dieses Interview erschien in *a tempo,* dem Lebensmagazin der Verlage Freies Geistesleben und Urachhaus.

Anmerkungen

1 Anna Jean Ayres: *Bausteine der kindlichen Entwicklung. Die Bedeutung der Integration der Sinne für die Entwicklung des Kindes*, 4. Auflage, Berlin 2002, Seite 33.

2 Jacques Lusseyran: *Das wiedergefundene Licht*, München 1989.

3 Bernhard von Clairvaux: *Rückkehr zu Gott*, hrsg. von Bernardin Schellenberger, Düsseldorf 2006.

4 Janusz Korczak: *Wie man ein Kind lieben soll*, 13. Auflage, Göttingen 2005.

5 Siehe dazu Manfred Spitzer: *Vorsicht Bildschirm! Elektronische Medien, Gehirnentwicklung, Gesundheit und Gesellschaft*, München 2006.

6 Lutz Besser auf dem Kongress «Medien, Trauma und Gewalt» der Theodor-Hellbrügge-Stiftung LMU / München, 28. – 30. November 2008.

7 Wolfgang Bergmann, Gerald Hüther: *Computersüchtig. Kinder im Sog der modernen Medien*, Weinheim 2008.

8 Anna Jean Ayres: *Bausteine der kindlichen Entwicklung*, a.a.O. (Anm. 1), Seite 65.

9 *Der Stern*, Nr. 22 vom 21.05.08 (Titelgeschichte: «Los, erzieht uns»).

10 Hilde Domin, «Es gibt dich», in: *Hilde Domin. Gesammelte Gedichte*, 7. Auflage, Frankfurt am Main 1999.

11 Eckhard Schiffer: *Warum Huckleberry Finn nicht süchtig wurde. Anstiftung gegen Sucht und Selbstzerstörung bei Kindern und Jugendlichen*, Weinheim 1999.

12 Alice Miller: *Am Anfang war Erziehung*, Frankfurt am Main 1990.

13 Vgl. Joachim Bauer: *Warum ich fühle, was du fühlst. Intuitive Kommunikation und das Geheimnis der Spiegelneurone*, Hamburg 2005.

14 Alexander Mitscherlich: *Die Unwirtlichkeit unserer Städte*, Frankfurt am Main 1996 (Sonderausgabe 2008).

15 Anna Jean Ayres: *Bausteine der kindlichen Entwicklung*, a.a.O. (Anm. 1), Seite 8.

16 Bear Heart: *Der Wind ist meine Mutter*, Bergisch Gladbach 2000.

17 Der Sänger Albert C. Humphrey bei einer Veranstaltung in München, Lustspielhaus 2006.

18 Marianne Garff, *Es plaudert der Bach*, Dornach 1996.

19 Michael Fuchs; Steffen Gill (Hrsg.): *Moderne Helden*, Bielefeld 2005.

20 Pablo Casals: *Licht und Schatten auf einem langen Weg*, Frankfurt am Main 1994.

21 Armin Krenz (Hrsg.): *Handbuch für Erzieherinnen* (Loseblattwerk), Ausgabe 06/2005.

22 Emmi Pikler, Anna Tardos: *Miteinander vertraut werden. Erfahrungen und Gedanken zur Pflege von Säuglingen und Kleinkindern*, 4. Auflage, Freiburg 2005.

Literatur

Auer, Wolfgang-M.: *Sinnes-Welten. Die Sinne entwickeln, Wahrnehmung schulen, mit Freude lernen*, München 2007.

Ayres, Anna Jean: *Bausteine der kindlichen Entwicklung. Die Bedeutung der Integration der Sinne für die Entwicklung des Kindes*, 4. Auflage, Berlin 2002.

Bauer, Joachim: *Warum ich fühle, was du fühlst. Intuitive Kommunikation und das Geheimnis der Spiegelneurone*, Hamburg 2005.

Ders.: *Prinzip Menschlichkeit. Warum wir von Natur aus kooperieren*, Hamburg 2008.

Beck, Rufus; Leger, Elke: *Kinder lieben Märchen – und werden stark fürs Leben*, München 2008.

Domin, Hilde: *Hilde Domin. Gesammelte Gedichte*, 7. Auflage, Frankfurt am Main 1999.

Fels, Nicola; Knabe, Angelika; Maris, Bartholomeus: *Ins Leben begleiten. Schwangerschaft und erste Lebensjahre*, Stuttgart 2003.

Garff, Marianne: *Es plaudert der Bach*, Dornach 1996.

Gindl, Barbara: *Anklang. Die Resonanz der Seele. Über ein Grundprinzip therapeutischer Beziehung*, Paderborn 2002.

Goebel, Wolfgang; Glöckler, Michaela; Michael, Karin: *Kindersprechstunde. Ein medizinisch-pädagogischer Ratgeber*, 20. überarb. Auflage, Stuttgart 2015.

Koisser, Harald: *Die Rückeroberung der Stille. Auswege aus Stress und Reizüberflutung*, Wien 2007.

Kutik, Christiane: *Lasst mich spielen!*, «gesundheit aktiv», Bad Liebenzell 2008.

Dies.: *Entscheidende Kinderjahre. Ein Handbuch zur Erziehung von 0 bis 7*, 5. Auflage, Stuttgart 2012.

Dies.: *Das Jahreszeitenbuch. Anregungen zum Spielen, Basteln und Erzählen. Gedichte, Lieder und Rezepte zum Jahreslauf*, 12. Auflage, Stuttgart 2015.

Dies.: *Das Kinderfestebuch. Anregungen, Spiele, Lieder. Bastelvorschläge und Rezeptvorschläge zur Gestaltung von Kinderfesten und Geburtstagsfesten*, 4. Auflage, Stuttgart 2010.

Dies.: *Spielen macht Kinder stark*, Stuttgart 2013.

Dies.: *Herzensbildung. Von der Kraft der Werte im Alltag mit Kindern*, 3. Auflage, Stuttgart 2016.

Dies.: *Spielen mit kleinen Kindern. Zu Hause und in Spielgruppen*, 2. Auflage, Stuttgart 2000.

Dies.: *Das Puppenspielbuch. Praktische Anleitungen und Geschichten*, 2. Auflage 1995.

Miller, Alice: *Am Anfang war Erziehung*, Frankfurt am Main 1990.

Mitscherlich, Alexander: *Die Unwirtlichkeit unserer Städte*, Frankfurt am Main 1996 (Sonderausgabe 2008).

Oliver, Jamie: *Genial kochen*, 5. Auflage, München 2003 (hier gibt es ein sehr informatives Kapitel mit Anregungen für das Kochen mit Kindern).

Pikler, Emmi; Tardos, Anna: *Lasst mir Zeit. Die selbstständige Bewegungsentwicklung des Kindes bis zum freien Gehen*, München 2001.

Dies.: *Miteinander vertraut werden. Erfahrungen und Gedanken zur Pflege von Säuglingen und Kleinkindern*, 4. Auflage, Freiburg 2005.

Schiffer, Eckhard: *Warum Huckleberry Finn nicht süchtig wurde. Anstiftung gegen Sucht und Selbstzerstörung bei Kindern und Jugendlichen*, Weinheim 1999.

Spitzer, Manfred: *Vorsicht Bildschirm! Elektronische Medien, Gehirnentwicklung, Gesundheit und Gesellschaft*, München 2006.

70 JAHRE – VERLAG FREIES GEISTESLEBEN

KARL KÖNIG

DIE ERSTEN DREI JAHRE DES KINDES

FREIES GEISTESLEBEN

151 Seiten, kartoniert
ISBN 978-3-7725-2871-2

HENNING KULLAK-UBLICK

JEDES KIND EIN KÖNNER

FREIES GEISTESLEBEN

111 Seiten, kartoniert
ISBN 978-3-7725-2873-6

GEORG KÜHLEWIND

VOM NORMALEN ZUM GESUNDEN

FREIES GEISTESLEBEN

284 Seiten, kartoniert
ISBN 978-3-7725-2874-3

GUDRUN BURKHARD

DAS LEBEN IN DIE HAND NEHMEN

FREIES GEISTESLEBEN

263 Seiten, kartoniert
ISBN 978-3-7725-2875-0

WOLFGANG HELD

SO KOMMT DAS NEUE IN DIE WELT

FREIES GEISTESLEBEN

103 Seiten, kartoniert
ISBN 978-3-7725-2876-7

LIN UND ANDERE

WAS IST ANTHROPOSOPHIE?

FREIES GEISTESLEBEN

141 Seiten, kartoniert
ISBN 978-3-7725-2877-4